3개월
사용법이
인생을 바꾼다

3KAGETSUNO TSUKAIKATADE JINSEIWA KAWARU
by Daisuke Sasaki

3개월

사사키 다이스케 지음

김선숙 옮김

에밀
E-MEAL

사용법이
인생을 바꾼다

프롤로그
3개월 사용법이 필요한 시대

"하고 싶은 일이 있지만, 좀처럼 시간을 내기 어렵다."

"해야 할 일에 늘 쫓겨 산다."

이처럼 시간을 어떻게 사용해야 할지에 대해 딜레마와 과제를 안고 있는 사람들이 적지 않다. 어떻게 하면 그런 고민을 해결할 수 있을까? 이 책은 그 사람들에게 나의 사례가 조금이라도 도움이 됐으면 하는 바람에서 쓰게 되었다.

앞의 하소연에 대해 나름대로 답변을 하면 이렇다. **"'정말 하고 싶은 일'이 있다면 '해야 할 일'에 쫓겨 사는 일상에서 벗어나 시간을 내서 그 일을 해봐야 한다."** 너무 틀에 박힌 대답이라고 생각할지 모르지만, 그것이 내 의견이다('그 시간을 내기가 어디 쉬운 일인가?'라는 볼멘소리가 들려오는 듯하다. 하지만 조금만 더 이 책을 읽어주기 바란다).

이런 생각을 하게 된 배경에는 두 가지 경험이 있다. 하나는 구글에서 일한 경험이고, 또 하나는 구글에서 일하면서 업무 시작 전과 업무가 끝난 후의 시간을 이용하여 클라우드 회계 소프트웨어 '프리freee'를 개발하고, 그 후 똑같은 이름의 프리 freee라는 회사를 창업한 경험이다.

구글에서 일할 때도, 프리를 개발할 때도 중요시했던 시간 단 위가 있었다. 이 단위를 구글에서는 쿼터quarter 혹은 '3개월 주 기'라고 불렀다. 일반 기업에도 사분기, 즉 한 해를 넷으로 나눈 3개월이라는 기간이 있다. 3개월은 이 책에서도 중요한 키워드가 된다.

지금 일본 최고의 시장 점유율을 보이고 있는 클라우드 회계 소프트웨어 프리에도 나의 시간 사용법에 대한 의식이 크게 반영되어 있다.

세상에는 시간에 쫓겨 뒤로 미뤄지는 일이 많다. 그 결과 해결되지 않은 과제가 생기게 마련이다. 나는 회계 같은 백오피스(고객을 직접 상대하지 않는 비영업 부문. 출납 사무나 관계 사무 등을 담당하는 여러 부문을 말한다.-옮긴이) 업무를 효율화하는 일도 해결되지 않은 문제의 하나라고 느꼈다.

클라우드 회계 소프트웨어를 사용함으로써 불편하기도 하고, 때로 힘들기도 했던 백오피스 작업에서 해방되어 가슴 두

근거리는 창의적인 활동에 시간을 사용했으면 좋겠다고 생각했다.

내가 창업한 회사 프리에는 많은 엔지니어들이 있다. **엔지니어의 생산성은 사람에 따라 100배 이상 차이가 나기도 한다. 이렇게 차이가 나는 것은 시간 관리와도 관련이 있다. 이것은 비단 엔지니어만의 문제가 아니다. 비즈니스 생산성도 시간을 어떻게 사용하느냐에 따라 개인마다 엄청난 차이가 난다.**

그러나 아무리 시대 상황이 바뀌어도 하루가 24시간이라는 사실은 변하지 않는다. 그렇다면 이 시간을 어떻게 사용해야 할까? 다시 말해, 자신이 정말 하고 싶은 일에 집중하기 위해 어떻게 시간을 만들어야 하며, 그 시간을 만들기 위해 무엇을 우선적으로 할 것인지를 생각해볼 필요가 있다. 우선순위는 할 필요가 없는 일이나 단호하게 잘라버려야 할 일을 정리하다 보면 저절로 정해진다. 그렇게 지금 당장은 하지 않아도 되는 일을 결정하는 것이다.

우선순위를 정하지 않으면 왠지 일이 잘 진행되지 않는 것 같은 생각이 들기도 한다. 그렇기 때문에 자신의 확고한 의지로 우선순위를 정하고, 시간을 스스로 조절해야 한다. 그리고 일이 잘못될 경우를 대비한 완충장치는 물론 깊이 생각하고 일을 하는 것도 중요하다.

무엇보다 자신도 모르게 시간에 쫓기거나 생각지도 않은 일에 휩쓸려 아까운 시간을 흘려보내지 않도록 해야 한다. 그러기 위해서라도 어떻게 시간을 사용하고 있는지 되돌아보는 것이 중요하다. 프리 사내에서도 시간 사용법은 서로의 캘린더를 보여주면서 곧잘 논쟁하게 되는 주제다. '시간을 이런 식으로 사용하는 것이 좋다'고 다들 각자의 주장을 펴기 때문이다.

나의 시간에 대한 개념은 2008년 구글에서 일하기 시작한 후 몸에 배었다. 그 시기를 계기로 시간에 대한 생각이 바뀌었다.

구글에 들어가기 전까지는 작업을 효율화해서 처리 속도를 줄일 수 있도록 시간 계획을 짜는 것이 효과적이라고 생각했다. 이런 생각은 일을 많이 하면 할수록 성과로 이어진다는 고도 경제성장기의 가치관에서 비롯된 것이다. 시간이 아까워서 걸으면서 책을 읽기도 했는데, 이런 행동도 이 같은 가치관에서 비롯되었다.

그러나 구글에서 함께 일했던 동료를 비롯해 다른 사람들의 일하는 방식을 접하는 사이에 나의 시간에 대한 개념이 변해갔다. '많이 일한다고 해서 반드시 좋은 성과가 나오는 것은 아니다'라는 생각도 그들에게 영향을 받았다. 이것은 그전까지 갖고 있던 '처리하는 일의 양을 늘리면 그만큼 성과로 이어져 행복해질 것'이라는 생각을 근본적으로 뒤집었다.

구글만이 아니라 내가 접해본 엘리트 비즈니스맨이라 불리는 사람들은 일에서 분명한 성과를 내기는 하지만, 그렇다고 다른 사람보다 많은 시간을 일하지는 않았다. 그들은 오히려 사생활이나 가족과 보내는 시간을 매우 소중히 여겼고 삶에 대한 만족도도 대체로 높았다.

이것은 구글에 다니는 사람들만의 얘기가 아니다. **세상의 흐름도 단순히 일을 많이 하면 좋은 것이 아니라 어떻게 하면 시간을 잘 사용하여 비즈니스를 성장시켜 나갈 것인가 하는 방향으로 바뀌고 있다.**

시간 사용법은 굳이 분야를 나누자면 '시간 관리'에 속한다. 시간 관리라고 하면, 가능한 한 짧은 시간에 많은 일을 처리하기 위한 효율화 기술을 소개한 책을 떠올릴지도 모르겠다. 그러나 **나는 시간의 효율적 사용으로 생긴 여유 시간을 활용해 오히려 비효율적인 일에 열정을 쏟는 것이 시간 관리의 목표라고 생각한다.**

본격적으로 인공지능AI시대가 시작되면 그때부터는 효율화할 수 있는 부분은 차츰 인공지능으로 대체될 것이다. 그러니 '비효율적인 일'은 앞으로 인간이 시간을 쏟을 중요한 영역이

될 가능성이 높다.

예를 들면, 기업 문화라는 것은 회사를 세우자마자 곧바로 생기는 것이 아니다. '우리 회사는 이런 가치관을 소중히 여긴다'라고 말하곤 하는데, 이때의 가치관이란 회사에서 일하는 사람들이 함께 시간을 보내며 갖게 되는 사고방식은 물론, 실패와 성공 경험을 공유하면서 시간을 들여 키워가는 것이다.

더 가까운 예로 사람과 사람의 신뢰 관계 역시 시간을 들여 쌓아가는 것이다. 책을 읽거나 가족과 함께 시간을 보내거나 무언가에 감동하거나 휴식을 취하는 시간도 효율화할 수 있는 것이 아니다.

'효율화로 얻은 시간을 비효율적인 일에 쏟는다'라는 시간에 대한 인식의 변화는 실제로 내 인생에 혁신을 가져왔다. 직장에서나 개인생활에서나 시간의 양적 개념보다 질이나 만족도를 중요하게 여기게 된 점이 바로 그것이다.

그 결과 나는 사람들에게 "바쁠 것 같은데, 의외로 시간이 있나 보군" "의외로 공부할 여력이 있나 보네" "어떻게 그런 시간을 내지?"라는 말을 종종 듣게 되었다. 이것이 내가 자랑할 만한 일인지도 모른다.

프리를 개발하려고 도전할 당시 내가 그 일에 과감히 뛰어들도록 내 등을 밀어주었던 말이 있다.

"나는 엔지니어는 아니지만 프로그램을 만들어 창업했다."
한때 구글에서 일했던 인스타그램의 창업자 케빈 시스트롬이
한 말이다. 이 말에 '나도 할 수 있지 않을까' 하는 생각이 들었
고 그것이 앞으로 한 걸음 내딛는 계기가 되었던 것이다.

내가 그렇게 한 걸음 내디뎠듯이, 이 책이 독자 여러분의 첫
걸음에 도움이 된다면 그보다 기쁜 일은 없을 것이다.

2018년 6월

사사키 다이스케

제1장

시작

3개월, 변화를 경험할 수 있는
최소한의 단위

3개월
사용법이
인생을 바꾼다

3개월 동안
한 가지 주제에 집중한다

어떤 일을 시작한 뒤, 뭔가 보이기 시작하거나 뭔가 달라지는 것 같다는 느낌을 받게 되는 시점이 3개월 정도가 지났을 때다. 사실 사업은 3개월 만에 달라지지 않는다. 경영도 3개월 만에 바뀌지 않는다. 하지만 사고방식과 성공 체험 등 인생의 전환점이라는 관점에서 보면 3개월이라는 시간의 단위로 뭔가 손에 닿는 느낌을 얻을 수 있다. 3개월 동안 집중해 최고가 되기도 하고, 큰 자신감을 얻어 새로운 길을 개척할 수도 있다.

실제로 내가 공부든 일이든 창업 준비든 전환점이 되는 주제에 몰두했을 때는 언제나 3개월이라는 기간이 포인트가 되었다. 첫 체험은 초등학생 때로 거슬러 올라간다. 나는 집에서 가까운 공립 초등학교에 다녔는데, 내가 다닌 초등학교는 교육방침이나 교육과정이 특별하다고 소문난 학교였다.

교육열이 있는 부모들은 멀리서도 이 학교로 아이들을 보냈다. 그런 아이들이 모였기에 초등학교 5학년 무렵부터는 방과 후에 함께 놀 친구가 없었다. 다들 중학교 입학시험 공부를 하느라 바빴기 때문이다. 그래서 나도 부모를 졸라 학원에 가기로 했다. 친구들과 노는 것이 목적이었던 나는 쉬는 시간이면 학원 친구들과 카드놀이를 즐겼다.

내가 다닌 학원은 실력별로 반을 편성했는데, 그 바람에 나는 무척 곤란한 상황에 처하게 되었다. 함께 카드를 갖고 놀던 친구들이 자꾸 상위 클래스로 올라가버렸던 것이다. 졸지에 학원에 가는 목적이 사라졌다.

상위 클래스로 올라가고 싶었지만, 그때까지도 수학이나 한자 등 싫어하는 과목이 많아서 친구들을 따라잡기에는 역부족이었다. 난감해하고 있던 그때, 우연히 학교 친구가 문제집으로 공부해보라고 알려주었다. 나는 지푸라기라도 잡는 심정으로 일단 문제집으로 공부해보기로 했다. 그리고 공교롭게도 나는 이런 목표를 세웠다. '3개월 동안 한 권의 문제집을 다 풀어보자. 이해되지 않아도 통째로 외우면 된다.'

그 결과 함께 카드놀이를 하던 친구들을 따라잡아 최상위 레벨까지 오를 수 있었다. 그리고 마침내 어려운 관문을 뚫고 가이세이중학교에 합격했다. 주변에서는 "설마 그 아이가?" 하며 믿기지 않는다는 반응을 보였다. 지금도 기억하는 이 3개월은 내게 커다란 성공 체험이 되었다.

학창 시절은 물론 사회인이 되고 나서도 몇 차례 3개월간 집중할 기회가 있었다. 그때마다 나 자신의 인생을 바꾸는 전환기가 찾아왔다. 그 후 3개월이라는 기간을 적극적으로 활용하게 되었다.

나에게 3개월이라는 시간의 단위는 전력투구해서 하나의 주제에 집중할 수 있는 한계라고도 할 수 있다. 좀 과장하면 매일 같은 일을 할 수 있는 한계가 3개월이라는 얘기다. 이것은 쉽게 달궈졌다가 쉽게 식어버리는 나의 성격 문제이기도 하다. 나는 같은 주제를 3개월 이상 붙잡으면 싫증이 나서 계속 즐겁게 일하기 어렵다.

뭔가에 집중하는 기간이 6개월이나 1년이라고 하면 좀 길게 느껴진다. 희생해야 할 부분이 많을 것 같고 일을 겉날리는 부분도 생길 수 있다고 생각한다. 하지만 집중해야 하는 기간이 3개월이라면 날수로 90일이니 '그럼 해볼까' 하는 마음이 생긴다. 그 정도는 고도의 집중력과 관심을 유지하면서 즐겁게 몰두할 수 있는 기간이다. 너무 길지도 너무 짧지도 않은 적당한 기간이어서 3개월이라면 어떻게든 해볼 수 있겠다는 기분도 든다.

3개월은 계획할 때는 길게 느껴질지 몰라도, 끝나고 보면 순식간이다. 3개월은 그런 시간 단위라고 생각한다. **3개월 동안 하나의 주제에 몰두하다 보면 일에 재미를 발견할 수도 있고, 지식과 이해의 정도도 더 깊어질 수 있다. 그만큼 성장해가는 자신을 발견하게 될 것이다.** 게다가 눈에 보이는 것은 아닐지라도 뭔가 성과가 나온다. 그렇게 3개월을 쌓아가다 보면 결과적으로 성공 체험으로 이어지는 것이다.

3개월, 변화를
경험할 수 있는 최소 단위

틈새 주제를
찾아서 몰두한다

3개월 동안 하나의 주제에 매달려본다. 그것도 대부분의 사람은 진지하게 몰두하지 않는 과제에 매달려보는 것이다. 사람들이 관심을 갖지 않는 과제에 몰두하면 돌아오는 성과가 크다. 이것은 내가 지금까지 경험하면서 터득한 것이다.

3개월 동안 집중한 끝에 세상에서 의미 있고 가치 있는 성과를 내면 자신감과 연결된다. 나는 이것을 대학생 때 경험해본 적이 있다. 벤처 기업 인터스코프(현재의 마크로밀, 온라인 리서치 회사)에서 인턴으로 일하면서 새로운 시스템을 개발한 적이 있었다.

인터스코프에서는 인터넷상 설문조사를 통해 소비자의 행동을 모델화하고 예상 플랫폼을 만드는 일을 했다. 나는 그 구상에 매우 공감하고 그 일을 나의 사명처럼 느꼈다. 하지만 실제로 하는 일은 시대에 상당히 뒤떨어져서, 데이터 분석에 이르기까지 거치는 공정 대다수가 수작업이었다. 설문조사의 응답 데이터를 엑셀에 그대로 붙여넣어 집계하고 분석 가능한 형태로 정리하는 일이었다. 어떤 작업은 며칠 걸리기도 했는데, 그런 번거로운 과정을 사원들이 하나하나 수작업으로 해나갔다.

그 일을 일주일 하고 나니까 더 이상 하고 싶지가 않았다. 내가 하고 싶은 일과는 거리가 멀게 느껴졌던 것이다. 게다가 나는 단조로운 작업에 서툴러 곧잘 실수를 했다. 여러 번 지적을 받은 나는 급기야 목소리를 높여 당시 사장에게 "이런 지루한 작업은 더 이상 못하겠으니 그만두겠다"라고 말했다. 그러자 사장은 "기분은 알겠지만, 그게 싫다면 그렇게 하지 않아도 되는 방법을 생각해보면 어떠냐?"고 했다. 사장에게 사표를 내러 갔다가 거꾸로 사장에게 새로운 제안을 받은 셈이었다.

일을 하면서 '이런 작업은 프로그램을 써서 자동화할 수 있지 않을까?' 생각한 적도 여러 번 있었다. 집에 돌아오는 길에 서점에 들러 프로그래밍과 엑셀 매크로 관련 책을 사서 일단 읽어보기로 했다. 그러고는 집에 돌아와서 몇 가지 간단한 샘플을 만들어보았다. 그러자 본격적으로 뛰어들어 해보면 뭔가 나올 것 같은 기분이 들었다.

그래서 나는 사장에게 "지금까지 해온 일련의 수작업을 자동화하는 것이 좋겠다"고 건의했다. 그 대신 3개월 동안은 다른 일을 절대 맡기지 말아달라고 부탁했다. 이미 한 번 그만두겠다고 말한 뒤라 나도 강한 태도로 밀고 나갔다.

3개월 동안 처음 몇 주는 프로그래밍 공부를 착실히 했다. 그다음 시행착오를 거듭하면서 진지하게 몰두하기 시작했다. 그렇게 3개월 몰두한 결과, 데이터 집계와 분석 작업을 자동화할 수 있게 되었다. 물론 간단한 작업은 아니었다.

자동화라는 새로운 작업 시스템이 생겨나자 그때까지 모두가 수작업으로 온종일 걸려서 했던 작업을 20~30분 만에 끝낼 수 있게 되었다. 그 덕분에 그 나머지 시간은 보다 세밀한 분석 작업에 쓸 수 있었다.

몇십 명의 사원이 그 작업을 전담하고 있었기 때문에 업무 방식에도 커다란 변화가 일어났다. 자동화 작업은 사원 누구도 해보려고 하지 않았던 주제였다. 나는 그 일에 집중하면서 나 자신이 회사에 도움이 되는 존재라는 느낌을 강하게 받았다.

다들 열심히 하는 인기 종목의 스포츠나 음악 등은 3개월 노력한다고 해도 별 성과가 드러나지 않는다. 그러나 사람들이 별로 몰두하지 않는 일은 금세 성과가 나타날 수 있다. 세상에는 그런 주제가 널려 있다.

너도나도 뛰어드는 주제가 아닌 틈새 주제에 3개월만 몰두해

보라. 그 결과 세상에 영향을 미치는 성과가 나오면 커다란 성취감을 얻을 수 있다. 나아가 자신도 깨닫지 못하는 사이에 어느새 인생이 바뀔 수도 있다.

아무도 몰두한 적 없는 주제를 3개월 동안 파고들어보자.

구글의 3개월 사이클

구글에서 일하던 시절, 모든 직원이 3개월 사이클을 의식하면서 일했다. 왜냐하면 구글은 분기별 관리가 철저해 3개월 만에 성과를 내지 못한 사람이나 프로젝트는 점점 잊혀졌다. 구글에는 그런 암묵적인 규칙이 있었다.

실제로 프로젝트나 인사는 3개월 단위로 바뀌는 경우가 적지 않았다. 성과가 나타나지 않은 경우 갑자기 예산이 사라지는 일이 아무렇지도 않게 일어났다. 극단적인 이야기지만, 3개월 후에 방침이 바뀌면 자신의 팀이 없어져버릴 가능성도 있었다. 그래서 그런 점이 싫다며 회사를 그만두는 사람도 있었다.

구글의 3개월이라는 시간의 흐름은, 내가 신입사원으로 들어간 광고 대행사의 2년 6개월에 해당하는 시간처럼 느껴졌다. 나는 이 압도적인 문화 충격을 지금도 잊지 못하고 있다.

구글에서 중소기업을 대상으로 마케팅을 담당하고 있던 시절에 프로젝트를 수행하는 데 필요한 예산을 상사에게 보고한 적이 있다. 상사는 내가 원했던 금액 이상의 예산을 툭 던져주었다. 더 써보라는 뜻이었다. 솔직히 다 쓰기 힘들다고 생각될 만큼 큰 금액이어서 처음에는 무척 놀랐다.

구글의 마케팅 조직은 다른 지역이나 나라에서 잘 돼가고 있는 사업이라면 일단 뭐든지 시도해보는 경향이 있다. '다른 누구보다 빨리 해보자, 그리고 결과를 내서 다 함께 공유하자'는 식의 문화가 있었다. 이것을 스틸 앤드 셰어Steal & Share라고 불렀다.

스틸 앤드 셰어라는 문화와 충분한 예산 덕분에 나 역시 괜찮은 아이디어가 있으면 거침없이 시도해볼 수 있었다. 그런 식으로 예산을 과감하게 사용하면서 다른 시장에서 입증된 성공 사례를 일관되게 시도하다 보면 3개월 동안 눈에 보이는 성과가 의외로 많이 나타난다.

이렇게 일을 진행하다 보면 다음에 어떻게 해야 하는지 금세 힌트를 얻을 수 있다. 만약 예산이 충분하지 않다면 이런 식으로 진행하지는 못했을 것이다. 따라서 예산이 부족한 경우는 반드시 우선순위를 정해 순차적으로 시도할 필요가 있다. 그러나 풍부한 예산을 갖고, 여러 가지 일을 동시다발적으로 시도해볼 수 있는 환경이었기 때문에 그런 경험이 가능했다. 그 시간을 통해 나는 어떤 아이디어는 잘 되고 어떤 아이디어는 간단하지 않다는 것을 단기간에 파악할 수 있는 감각을 지니게 되었다.

그 덕분에 대개 일반적으로 1년 반 정도 걸릴 일도 구글에서는 불과 3개월 만에 할 수 있었던 것이다. 물론 그만큼 노력도 필요하다.

그러나 구글은 거기서 끝내는 것이 아니었다. 자신들이 시도해보고 잘된 아이디어는 다른 나라에 가서도 해보라고 직접 추천한다. 좋은 기획을 널리 확산시키는 것까지 기대할 수 있다. 적극적으로 좋은 기획에 대해 홍보하는 것이나 마찬가지다.

구글의 업무는 프로젝트를 맡은 당사자의 신뢰성이 모든 것을 좌우한다. 신뢰성이 높을수록 돈도 사람도 따라온다. 그런 이유로 성공 사례는 자만하지 않고 아낌없이 공유한다. 구글에서 동료의 신뢰를 폭넓게 확보하여 일하기 쉬운 사이클을 만들어내는 방법도 배웠다.

게다가 자신이 권한 일을 동료가 시도해 성공한 경우, 자신에 대한 신뢰성이 한층 올라가기 때문에 일하기 쉬워진다. 3개월 만에 성과를 내기 위해서는 사람을 끌어들이는 방법도 중요한데, 이런 점에서 구글은 활력을 느낄 수 있는 환경이었다.

주위 사람들로부터 얼마나 신뢰를 얻을 수 있는가에 따라 3개

월간 낼 수 있는 성과가 달라진다. 그리고 그 결과에 따라 다음 3개월의 성과도 달라진다.

3개월마다 눈에 띄는 결과를 내놓는 것. 구글의 3개월 주기는 엄격하긴 하지만 속도감이 있어 재미있고 무서운 기세로 자신의 성장을 느낄 수 있었다. 그런 점에서 나에게는 싫증나지 않는 새로운 도전의 연속이었다.

3개월마다 작은 것이라도 결과물을 내놓도록 한다.

성공 경험은 3개월 안에 만들 수 있다

현재 일본 클라우드 회계 소프트웨어 시장에서 점유율 1위를 자랑하는 프리Freee를 개발하는 데도 3개월이 포인트였다.

'스몰 비즈니스에 종사하는 사람 모두가 창조적인 활동에 전념할 수 있도록 돕고 싶다.' 구글에서 일하던 어느 날, 늘 마음속에 간직했던 이 콘셉트가 떠올랐다.

2008년 구글에 입사한 나는 일본 중소기업을 상대로 마케팅 업무를 담당하다가 아시아 전 지역 총괄책임을 맡았다. 이 일을 하면서 테크놀로지 도입과 인터넷 활용 면에서 일본 중소기업이 얼마나 뒤처져 있는지 알게 되자 강렬한 위기감이 몰려왔다. 일본은 클라우드 서비스 이용률이 현저하게 낮은 데다 다른 나라에 비해 창업 비율도 낮아 많은 과제를 안고 있었다.

이런 일을 눈앞에서 지켜보는 사이에 테크놀로지의 힘으로 중소기업 경영자를 응원하는 사업을 하고 싶다는 생각이 솟구

쳤고, 그와 동시에 마음이 조급해지기 시작했다.

테크놀로지 중에서도 회계 소프트웨어에 관심을 갖게 된 데는 마케팅을 지원하는 벤처기업 알베르트ALBERT에서 일한 영향이 크다. 구글에 입사하기 전에 나는 알베르트에서 최고재무책임자CFO로 일했다. 당시, 매일 현장에서 쏟아지는 청구서나 영수증 등의 데이터를 회계 담당자가 직접 입력하는 것을 보고 회계 소프트웨어의 필요성을 뼈저리게 느꼈다. 그런 회계 업무의 효율화 과제를 구글에서 일하는 가운데 생각해냈다. 클라우드 서비스를 이용한 자동 회계 소프트웨어 구상이 머리에 떠오른 것이다.

프리 서비스는 내가 그때까지 부딪혀온 문제의식에 대해 보다 본질적으로 접근할 수 있는 해답이라는 생각이 들었다. 다만 그 해답을 얼마나 빨리 형상화하느냐가 중요한 관건이었다.

그래서 우선 3개월 동안 클라우드 회계 소프트웨어의 원형을 직접 한번 만들어보자는 생각으로 프로그래밍을 다시 공부하기 시작했다. 낮에는 구글에서 일해야 했기 때문에 아침 6시에 일어나 출근하기 전까지 2시간 정도를 프로그래밍 공부에 할애했다. 그리고 회사 일이 끝나는 저녁 6시부터 밤 1시 정도까지 또다시 프로그래밍 공부에 몰두했다.

그 당시에는 4시간 정도밖에 잠을 자지 못했지만, 졸린 적은

한 번도 없었다. 비디오 게임에 빠져 시간 가는 줄 모르는 초등학생처럼 프로그래밍 공부에 지나치게 몰두한 나머지 밤 1시가 넘어서까지 계속하는 날들이 점점 늘어났다. 오히려 자기 페이스를 잃을까 걱정될 정도였다.

3개월 동안 몰두한 끝에 얻은 소득은 두 가지였다. 하나는 프리라는 소프트웨어 아이디어를 구체화할 수 있게 된 점이다. 다른 하나는 최악의 경우에 나 혼자서도 그럭저럭 만들 수 있을 것 같은 자신감이 생겼다는 점이다. 무엇보다 혼자서도 프로그램을 만들 수 있을 것 같은 자신감을 얻은 것은 큰 수확이었다. 다른 사람이 만들어준 것을 관리하는 일은 내 성격상 잘할 수 없을 것 같았다. 문제가 생겼을 때 그것이 어느 정도 심각한지 아는 것은 더없이 중요하다고 생각했기 때문이다.

게다가 개발 비용이라곤 나 자신이라는 자원뿐이었다. 한없이 비용을 낮출 수 있다는 점에서도 3개월 동안 혼자서 만들어본 것은 결과적으로 아주 잘한 일이었다.

그러나 나는 전문 엔지니어가 아니어서 그 일을 혼자서는 할 수 없었다. 비즈니스로 전개하려면 그것을 지탱할 만한 구조를 함께 개발하고 운용할 줄 아는 사람이 필요했다. 당연히 그다음 3개월 과제는 프리를 함께 만들 동료를 찾아나서는 일이 되었다.

그 후 나를 포함해 세 사람이 개발에 참여하기 시작했고, 그렇게 탄생한 클라우드 회계 소프트웨어 프리는 지금 중소기업뿐만 아니라 대부분의 기업과 개인 사업자도 사용하고 있다. 프리의 출발점은 구글에서 일하면서 개발한 3개월이었다. 고작 3개월이라고 생각하는 사람도 있겠지만, 나에게는 의미 있는 3개월이었다. 그리고 그 3개월은 계속해서 나의 삶에 의미를 부여할 것이었다.

생각을 얼마나 빨리
형상화하는지가 관건이다.

제2장

주제 정하기

나에게 가치 있는 일은 무엇인가

3개월
사용법이
인생을 바꾼다

설레지 않으면
계속할 수 없다

가슴 설레는 일을 선택한다.

이것은 3개월 동안 하나의 주제에 몰두할 때 반드시 알아두어야 할 철칙이다. 하지만 직장에서 일하다 보면 실제로는 흥미가 없는 과제가 주어지기도 하고 즐겁게 하기 어려운 일도 주어지게 마련이다.

그럴 때일수록 더욱더 발상을 전환할 필요가 있다. **그 과제 자체에 흥미를 느끼지는 못한다 해도 과제를 해결한 후에 있을 무언가에 눈을 돌려 어떤 의미가 있는지 생각해보는 것이다.**

하쿠호도(博報堂, 일본의 유명한 광고 대행사)에 신입사원으로 들어간 나는 마케팅 부서에 배속되었다. 하쿠호도는 인턴 생활을 했던 인터스코프의 큰 고객이었고, 취업을 준비하는 학생들에게 인기가 많은 회사였다. 그런 이유로 막연하지만 재미있는 일을 할 수 있으리라 생각했다.

그러나 입사하자마자 좌절을 경험해야 했다. 광고 대행사 일은 주로 CM용 카피를 구상하거나 어떤 광고에 어떤 배우를 기용할지 밤새 토론하는 업무였다. 이런 일을 좋아하는 사람에게는 무척 재미있었을 테지만 막상 해보니 나에게는 그다지 즐겁게 할 수 있는 일이 아니었다. 게다가 그런 하루하루가 내 경력에는 아무런 도움이 될 것 같지 않아 고민하기 시작했다.

특히 데이터 과학 분야를 많이 다뤄온 나에게는 인터넷 이전의 미디어 광고업계가 맞지 않았다. '이 광고를 하면 얼마나 벌까?'라는 비용 대비 효과를 산출하는 일에 좀처럼 집중하지 못하고, 업무 성과도 오르지 않아 불안해지기 시작했다. 업무에 대한 동기를 찾을 수 없는 경우도 많았다.

그러다 어느 소비자 금융(사금융)의 마케팅을 담당하게 되었다. 일본에서는 소비자 금융에 대한 일반인들의 인식이 그다지 좋은 편이 아니다. 그래서 철저하게 좋은 브랜드 이미지를 만들자는 것이 첫 번째 과제였다. TV 광고를 강화하여 브랜드 파워를 단번에 올리자는 의미였다.

지금도 마찬가지지만, 소비자 금융업은 CM 등의 광고에서 사용할 수 있는 표현이 제한되어 있다. 그렇기 때문에 좋은 브랜드를 만드는 데는 CM 이외에 다른 측면에서도 좋은 이미지를 부각할 필요가 있다고 생각했다.

소비자 금융을 깊이 이해하기 위해 우선 소비자 금융 카드를 많이 만들어 지점에 가서 돈을 마구 빌려보았다. 그 결과 어떤 회사에서 빌리든 서비스 자체는 그다지 차이가 없다는 것을 알게 되었다. 그리고 소비자 금융이 많이 몰려 있는 빌딩에도 가보았다. 그때 느낀 것은 고객의 눈에 지점이 깨끗해 보이지 않으면 같은 건물의 다른 회사로 발걸음을 옮길 수도 있겠다는 점이었다.

그래서 더 많은 고객이 더 쉽게 들어올 수 있도록 지점에 좀더 투자하는 것을 클라이언트에게 제안하는 것이 어떻겠냐고 건의했다. 클라이언트 담당자나 회사 선배들은 주로 엘리트층이어서 보통 돈을 빌리러 지점에 나가는 경우가 거의 없다. 그런 사람들에게 나의 제안이 쉽게 받아들여질 리 없었다.

돈을 빌리는 사람의 마음을 알려면 어떻게 하면 좋을까 생각한 끝에 실제로 어떤 지점에 다 함께 가보기로 했다. 그제야 팀원들이 내 말을 이해해주었다. 어떻게 하면 지점을 개선할 수 있을까, 어느 정도 투자하면 어느 정도의 수익이 돌아올까를 정량화해보자는 데 의견이 모아졌다.

도쿄에 있는 200군데 정도의 모든 지점에 조사원을 파견하여 지점 평가를 실시하기도 하고 지점과 ATM의 유동인구를 살피면서 어떤 요인이 내점자 수와 관계가 있는지를 조사하기도 했다. 이렇게 해서 매장 어디에 투자할 것인가를 모델화해 나갔다. 그 결과, 개선점이 드러나 매출 향상으로 이어졌고, 클라이언트는 매우 만족스러워했다.

이 일은 내게 주어진 과제 속에서 나름대로 새로운 재미를 찾아내 즐겁게 문제를 해결할 수 있었던 경험 중 하나다.

우선 여러 관점에서 생각해보는 것이 좋다. 그래도 가슴이 설레지 않는다면 그 주제에 몰두하기를 그만두는 편이 좋을지도 모른다. 하지만 조금이라도 흥미를 느꼈다면 그것만으로도 큰 발견이다. 설렘은 주어지는 것이 아니라 스스로 찾아낸 작은 깨달음에서 시작된다고 생각한다.

재미는 주어지는 것이 아니라 스스로 찾아야 하는 것이다.

다른 사람이 주목하지 않은 것은 무엇인가

3개월간 몰두할 주제는 다른 사람은 주목하지 않는 것 중에서 선택하는 것이 좋다.

이것은 내 경험을 통해 터득한 사실이다. 주제는 가슴 설레는 동시에 다른 사람이 별로 하지 않는 것, 주목하지 않는 것을 기준으로 생각한다. 이런 주제라면 라이벌이 적고, 성과도 내기 쉽기 때문이다.

중학생이 되고 나서 나는 정체성의 위기를 심하게 겪었다. 초등학생 때는 의사소통 능력이 높은 편이었고, 비교적 눈에 띄는 존재였다. 그런데 가이세이중학교에 들어가자 기본적으로 말 잘하고 유머까지 겸비한 친구들이 많았다. 다들 나보다 공부나 운동도 훨씬 잘했고 음악이나 미술에서도 뛰어났다. 싸움에서도 그들을 이길 수 없었다. 나는 친구들보다 나은 것이 전혀 없다는 생각에 자신감을 잃었다.

동아리는 럭비, 배구, 야구, 합창 등 해보고 싶은 것은 무조건 도전해보았다. 하지만 3개월 정도 지나 조금 할 수 있게 되면 항상 회의가 들기 시작했다. 그 분야에서 뛰어난 성과를 얻을 수 있을 것 같지 않았다. 열심히 해봤자, 아무 소득도 없을 것 같다는 생각에 그만두기를 반복했다. 한심하게도 나는 아무런 특징도, 개성도 없는 평범한 인간이라고 생각하며 괴로워하는 날들이 계속되었다.

하지만 그 덕분에 정면으로 공격하는 정공법으로는 승부를 볼 수 없겠다는 것을 깨닫게 되었다. 그때부터 뭔가 색다른 것을 궁리하기 시작했다. **늘 남과는 다른 것, 남이 주목하지 않는 것이 무엇일지 고민하며 발상을 전환하는 습관이 몸에 배게 된 것이다.**

처음부터 눈에 띄는 존재였다면, 일부러 그렇게 하지 않았을 것이고, 할 필요도 없었을지 모른다. 하지만 어떻게 하면 자신의 정체성을 유지할까, 자신감을 되찾을 수 있을까를 고민하고 시행착오를 거듭해가는 가운데 남이 별로 주목하지 않은 '틈새'를 자연스럽게 노리게 되었다. 이런 성향은 나중에 프리의 개발로 이어지는 계기가 되었고, 내 나름대로 이론을 파악하는 출발점이 되었다.

내가 고등학생이었을 때 사립 고등학교 로고가 새겨진 가방이 유행했다. 당시 가이세이고등학교에는 공식적인 가방이 없어 내가 직접 만들어보기로 했다. 가방을 직접 디자인하고 나서 제조사에 닥치는 대로 전화를 걸어 일을 맡길 업체를 찾아나섰다. 그리고 주위 친구에게 학교 로고가 새겨진 가방을 만들면 살 것인지 견본을 보여주며 물어보았다.

친구들의 평판이 좋아 과감하게 300개를 발주했는데 가방을 내놓자마자 불티나게 팔렸다. 가방 하나를 만드는 데 2000엔(약 2만 원) 정도 들었는데 3500엔에 판매했다. 처음 한 장사 치고는 제법 괜찮은 벌이가 되었다(나중에는 너도나도 나서서 가방을 만들어 판매하는 바람에 문제가 생기자, 학교에서 직접 공식 가방을 만들었다).

이 경험을 계기로, 아무도 손대지 않은 일에 발을 들여놓으면 충분히 할 수 있는 일이 있다는 것을 알게 되었고, 이로 인해 잃었던 자신감을 회복할 수 있었다.

지금 되돌아보면, 취업 준비를 할 때도 틈새 전략의 관점을 인식했어야 했다. 학생들에게 인기 있는 기업 순위를 보면 상위 기업은 예나 지금이나 그다지 달라지지 않았다. 하지만 모든 사람이 하고 싶은 일이나 환경에서는 경쟁이 심하고 성과도 내기 어렵다.

　세상에서 매우 한정된 사람만 갖고 있을 것 같은 과제나 다른 사람은 그다지 주목하지 않거나 하고 싶어 하지 않는 분야가 있다. 그런 분야에는 사람들이 투자하지 않으며 그다지 개발되어 있지도 않다. 즉, 노다지판이라고 할 수 있다.

　그런 틈새 속에서 나름의 재미를 발견하여 3개월간 몰두해보라. 영향력 있는 성과를 낼 수 있는 주제는 세상에 널려 있다.

다른 사람이
주목하지 않는 일 중에
자신이 하고 싶은 일은 무엇인가?

'하고 싶은 일'과
'할 수 있는 일'의 접점을 찾는다

'하고 싶은 일'과 '할 수 있는 일'이 겹치는가, 아니면 전혀 별개인가?

다른 사람이 그다지 주목하지 않는 틈새 분야에서 하고 싶은 일을 찾았다면, 자신이 할 수 있는 일인지를 생각하지 않을 수 없다. 특히 3개월 만에 효과적인 결실을 얻으려면 다른 사람이 주목하지 않는 분야에서 자신이 하고 싶은 일과 할 수 있는 일을 동시에 생각해봐야 한다.

극단적인 예로 야구를 좋아한다고 해서 갑자기 프로 야구선수가 될 수는 없다. 원래 인기 있는 스포츠는 경쟁이 심하다. 더욱이 아무리 노력해도 프로에서 통용되는 실력이 몸에 붙지 않을 수도 있다. 다른 사람에게 인기 있는 분야나 모든 사람이 주목하고 있는 방향을 볼수록 불일치는 커진다.

클라우드 회계 소프트웨어 프리는 다른 사람이 그다지 하고 싫어 하지 않는 분야였고, 동시에 내가 하고 싶은 일과 할 수 있는 일이 일치했기 때문에 단기간에 일본 최고 점유율을 자랑할 정도로 성장할 수 있었다고 생각한다.

내가 하고 싶은 일이 무엇인지는 구글에서 일한 경험을 통해 알게 되었다. 중소기업을 대상으로 마케팅을 하면서 일본은 창업률이 낮고, 중소기업의 테크놀로지 도입이나 인터넷 활용 면에서 앞서지 못했다는 것을 목격했다. 이것이 프리를 개발한 계기가 되었다는 얘기는 앞에서 이미 했다. 이 상황을 어떻게든 해결해보겠다는 위기감과 욕망이 내 안에 생겨난 것이다.

게다가 당시 일본에서는 클라우드 서비스를 거의 사용하지 않는 상황이었다. 그러나 시대의 흐름을 감안하면 언젠가는 클라우드 서비스가 세상을 석권할 것이라는 생각이 들었다. 2008년 구글에 입사했을 때, 이미 사내 모든 툴이 클라우드여서 그 편리함을 실감했었다.

그런 경험이 쌓이자 인터넷을 활용하여 누구나 쉽게 회계업무를 처리할 수 있는 소프트웨어 프로그램을 반드시 만들 수 있으리라는 생각이 점점 강해져갔다. 그리고 이것은 기업의 업무방식에 터닝포인트를 마련한다는 점에서 사회적으로도 큰 의미가 있는 일이었다. 그런 여러 가지 이유로 그러한 서비스를 만들고 싶은 소망을 점차 구체화하게 된 것이다.

한편 내가 할 수 있는 일이 무엇인지는 인턴 시절 프로그래밍에 몰두해 시스템을 개발한 경험과 알베르트에서 비효율적으로 진행되는 회계 업무 상황을 수없이 목격하면서 알게 되었다.

기존의 회계는 영수증에 있는 숫자를 직접 입력하고 사람이 확인하는 작업을 반복했다. 심지어는 이미 디지털 데이터로 저장되어 있는 것을 프린트해서 그것을 보면서 수작업으로 컴퓨터에 다시 입력하기도 했다. 엔지니어는 한 번 입력한 것을 어떻게 이용할 것인가, 두 번 이상 반복되는 일을 어떻게 간소화할 것인가 하는 작업의 효율화 방법을 생각한다.

그래서 이 둘을 연결하는 기술을 개발하면 내가 하고 싶은 일을 실현할 수 있겠다고 생각하게 되었다. **사소한 순간에 경험한 일이 내 안에서 하고 싶은 일로 연결된 것이다.** 게다가 위험을 무릅쓰고 중소기업을 위해 좋은 서비스를 제공하려는 업체도 없었다. 그런 틈새 상황이 기회라고 생각했다.

이처럼 경쟁 생대가 적은 분야에서 자신이 하고 싶은 일과 할 수 있는 일이 겹치는 순간, 스몰 비즈니스의 근간을 바꾸는 서비스를 반드시 만들 수 있으리라는 확신이 생겼다. **회계 소프트웨어라고 하면 따분하게 생각할 수도 있지만, 그 이상으로 굉장히 매력적인 일이 될 것이라는 확신이었다.**

하고 싶은 일과 할 수 있는 일을 찾으려면 어떻게 해야 할까?

언뜻 보면 우회하는 길 같아도 의식적으로 비연속적인 일에 도전하고 몸부림쳐보는 것이 지름길이라고 생각한다. 세상에 있는 문제들을 알게 되면 시야가 넓어지고 새롭게 할 수 있는 일도 늘어나게 된다.

하고 싶은 일과 할 수 있는 일의 선택지가 점차 늘어나면 어느 날 자기 안에서 2개의 접점이 이어지는 순간이 있다. 나는 지금까지 이런 경험을 여러 번 했다.

새로운 일에 도전하다 보면
선택지는 넓어진다.

해보면
알 수 있다

새로운 것에 대한 도전을 주저하지 말라.

프리라는 회사에는 다양한 유형의 사람들이 모여 있지만, 모두에게 공통되는 점이 한 가지 있다. "해본 적이 없으니까 못 한다"고 말하는 사람은 한 명도 없다는 것이다.

프로그래머가 고객 지원 업무를 주저 없이 소화하기도 하고, 고객 지원 멤버가 신규 개발 프로젝트의 발안자가 되기도 한다. 업무의 경계가 거의 없는 셈이다.

대신 자신이 발안한 것은 끝까지 책임지고 해내는 것이 원칙처럼 굳어졌다. 이러한 기업문화가 있기 때문에 새로운 발상이 생겨나기도 쉽다고 생각한다. 실제로 새로운 자신을 만날 수 있는 하루하루를 다들 마냥 즐기고 있는 것처럼 보였다.

만약 하고 싶은 일에 뛰어드는 것을 망설이거나 하고 싶은 일을 찾지 못한 사람이 있다면, 나는 틀림없이 "일단 뭐든 뛰어

들어보지 그래?"라고 말할 것이다. **하고 싶은 일은 우연히 생겨
나기 때문이다.**

 "바로 이거야!"라고 생각되는 주제를 만나려면 하나의 일에
너무 집착하지 말고 다양한 경험을 해보는 것이 매우 중요하
다. 게다가 주변 사람이 별로 하고 싶지 않다고 생각하는 일을
일부러 솔선해서 해보는 것이다.

 그러면 '내가 해결할 수 있는 문제일지도 모른다' '재미있을
것 같다'고 생각되는 일이 분명 나타날 것이다. 거기에는 해보
지 않으면 보이지 않는 장면과 체험한 사람만이 얻을 수 있는
독특한 세계가 반드시 있게 마련이다.

 학창 시절 합창부에서 활동한 적이 있다. 한가로운 시간을 보
내고 있을 때 마침 친구가 합창부 활동을 해보라고 권한 것이
계기였다. 원래 합창에는 흥미가 없었으나, 이런 기회를 만날
수 없을지도 모른다는 생각에 감히 시작해보기로 했다.

 합창부에서 테너를 맡았는데 막상 해보니 꽤 즐거웠다. 잘하
는지 여부는 별개 문제였다. 이런 세계가 있다는 것을 아는 것
만으로도 시야가 넓어지는 듯했고 신선했다.

 그렇게 어느 분야든 관심의 폭이 넓어지면 경험치가 늘어나
자신의 역량도 확장되어가는 느낌을 받을 수 있다. 그래서 나

는 시작할 때도 그만둘 때도 별로 망설이지 않는다.

우리에게는 '꾸준히 계속하는 것이 미덕'이라는 문화가 있다. 하지만 '인생의 확장'이라는 의미에서 보면 그것만이 정답이라는 분위기는 그리 좋지 않다고 생각한다. 이것저것 도전하다 보면 시야가 넓어지기도 한다.

3개월 동안 뭔가에 전력을 다해 몰두한 경우, '이왕 여기까지 했으니 조금만 더 버티자'며 그만두지 못하기도 한다. 그렇게까지 시간을 투자했는데 이제 와서 그만두기는 아깝다고 생각하는 것이다.

하지만 나는 **한 가지 일에 매달리기보다는 여러 가지 경험을 하는 것이 더 가치 있는 일이라고 생각한다.** 아깝다고 느끼는 이유는, 그 분야에 쌓아둔 자신의 지식과 기술을 버리게 된다는 생각이 작용하기 때문이다. 하지만 그렇지 않다. 오히려 그 경험은 내 안에 축적되어간다.

스웨덴 유학 시절, 스포츠든 음악이든 뭐든지 주저하지 않고 즐기는 유럽 사람들을 보고 감탄한 적이 있다. 유럽 사람들은 스포츠나 음악을 교양의 하나라고 여기는 듯했다. 다시 한번 강조하지만, 계속 한 가지만 붙들고 있을 것이 아니라, 다양한 일을 경험해보는 것이 인생을 풍요롭게 만든다.

일본에서는 그 일을 좋아하는지 어떤지도 모른 채 '꾸준히 하는 것이야말로 힘이다'라며 한 가지를 오랫동안 계속하는 미덕에 가치를 두는 경향이 있다. 하지만 그것이야말로 다른 좋은 기회를 아깝게 놓치는 것이라고 생각한다. 한 가지 일만 너무 오래 하기보다 다양한 일에 도전해보기를 권한다.

좋아하는지 어떤지
모르는 일을 붙들고 있는 것은
다른 기회를 놓치는 것이다.

구글의 기업문화
'배운 것을 잊어라'

"구글은 특별한 회사니까 'unlearn'하는 것이 중요해."

내가 구글에 입사했을 때, 동료와 상사로부터 맨 처음 들은 말이다. 'unlearn'의 사전적 의미는 배운 것을 고의적으로 잊어버리는 것이지만, 사실 그 말에는 **알고 있는 상식을 벗어던지고 어떻게 성과를 낼지 생각하라**는 뜻이 담겨 있다. 일반 회사라면 의사결정이나 예산의 승인시기 등의 업무에 정해진 흐름과 체제가 있기 마련이다. 하지만 당시 구글에는 그러한 것이 거의 존재하지 않았다.

예를 들면 누구에게 승인을 얻어야 자신의 아이디어를 실행할 수 있는지 모른다. 외국계 기업에서는 프로세스나 수칙은 물론, 자신에게 어느 정도 결재 권한이 있는지 등을 사전에 명확히 정해놓는 경우가 많다. 그러나 구글에는 그런 규정이 거의 없었다.

한마디로 자기가 하고 싶은 일을 되는 대로 해볼 수 있는 곳이었다. 혼자서 할 수 있는 일이라면 그것은 어떤 의미에서는 편안한 환경일 수도 있다. 하지만 다른 사람을 끌어들일 필요가 있는 일의 경우에는 상당히 어려울 수 있다. 먼저 누구에게 일을 함께 진행하자고 제의해야 할지 전혀 알 수 없기 때문이다. 구글은 그런 혼란스러운 카오스 상태가 일상이었다.

자기 팀에서 사용할 수 있는 예산이 얼마나 되는지 불명확한데다, 책정되었던 예산이 어느새 사라지는 경우도 다반사였다. 그런 몹시 혼란스러운 상황에 적응하는 의미에서도 잊어버릴 (unlearn) 필요가 있었던 것이다.

"당신에게 주어진 예산은 2000만 원입니다." 이 말을 들으면 대부분의 사람들은 그 돈을 어떻게 하면 효과적으로 사용할지 생각할 것이다. 반대로 예산이 얼마인지 모르는 상황에서는 "그럼, 어떻게 해야 하나요?"라고 당황해서 물을 것이다. 불평하는 사람이 나올 수도 있다.

그리고 명확한 규정이 없으면 '이 사람과 저 사람이 말하는 것 중에, 어느 쪽이 맞을까?' 생각하다 이리저리 휘둘리는 일도 잦을 것이다. 이처럼 혼란스러운 상황은 사람에 따라 매우 큰 스트레스가 될 수 있다.

반면, 매우 창의력이 높은 사람 입장에서 보면 카오스는 환영할 만한 환경이라 할 수 있다. 카오스 상황이라면 쓸데없이 틀에 끼워맞출 필요가 없기 때문이다.

당시 구글에서 정말 기민한 사람은 실제로 뭔가 엉뚱한 아이디어를 갖고 와서는, 설사 고액의 예산이나 많은 인력이 필요한 일이라도 밀어붙였다.

한편 구글에는 박사학위(Ph.D.)를 가진 학구적인 성공자들이 많았는데 이들은 정말 많은 사람에게 존경을 받았다. 적당히 리서치를 한 후에 연구 결과에 따라 업무를 진행할 방식을 제안하면 "그 숫자가 어떻게 해서 나왔지?"라고 곧바로 따지고 들어온다. 업무 제안의 근거가 받아들여지기가 좀처럼 쉽지 않다. 오히려 '이렇게 생각이 없는 사람에게 일을 맡길 수 없다'는 반응을 얻어 신용을 잃을 수도 있다.

그런 환경에서는 상의하달식Top-down 방식으로 해결하자고 상사에게 호소해봤자, 전혀 소용이 없다. '다른 회사에서는 보통 이렇게 한다'는 논리는 전혀 통하지 않는 것이다.

당시 구글은 사람과 조직을 잘 운영해나가기 위해 지금까지의 상식과 편견에서 벗어날 필요가 있었다. 발상을 전환해 움직이지 않으면 살아남을 수 없었다. 자신이 해야 할 수비 범위를 뛰어넘어 대담하게 뭔가 하지 않으면 주변에 영향력을 미치는 일을 결코 할 수 없었기 때문이었다.

'잊어버리기'가 유효한 것은 구글만이 아니다. **처음 하는 일에 도전하거나 사방팔방이 다 막혀 속수무책인 상황에 직면할 때가 있다. 잊어버리기는 이런 암중모색의 환경에서 성과를 내려고 하는 모든 사람들에게 생각의 돌파구를 마련해주는 발상이다.**

상식을 깨는 일로
돌파구를 마련한다.

정말 가치 있는 일인가

그것이 최선의 해결책인가, 정말로 가치가 있는 일인가?

3개월간 몰두해보고 싶은 주제와 아이디어가 떠올랐을 때, 자신에게 위와 같이 질문해보기 바란다. 이 질문이 강력한 주제를 만드는 중요한 계기가 된다.

프리라는 회사의 구성원에게 행동 지침이 되는 한 가지 가치 기준이 있다. 그것은 바로 정말로 가치 있는 일인가를 따져보는 일이다. 이른바 진짜 가치를 점검해보는 것이다. 자신들이 앞으로 만들어내는 아웃풋 모두에 대해 무엇이 문제이고, 그에 대한 최고의 해결책은 무엇인지 생각해보는 것을 의미한다. 그 해결책이 사용자에게 본질적인 가치가 있다면, 자신을 믿고 끝까지 해내야 한다는 의미이기도 하다.

진짜 가치를 회사의 가치 기준으로 삼은 이유는, **인간은 문제의 본질이 무엇인지 보지 못하는 경우가 종종 있기 때문이다.** 우리가 클라우드 회계 소프트웨어 프리를 개발하기 이전에는 어떻게 하면 빨리 데이터를 입력할 수 있을까 하는 문제가 쟁점이었다. 주변에 프리라는 회계 소프트웨어에 대해 이야기하면 "지금 그대로 가도 문제는 없다" "더 빨리 입력하는 사람이 있었으면 좋겠다"고 말할 뿐이었다.

게다가 회계 소프트웨어 업계는 30년간 변함이 없었던 터라 클라우드 회계 소프트웨어를 만든다고 하자, 주위에서는 "갑자기 무모하다"거나 "기존의 회계 소프트웨어를 보조하는 툴을 만드는 것이 좋겠다"라는 대답이 돌아올 뿐이었다. 내 아이디어가 획기적이고 최고라고 생각하면서도, 주변에서 이런 얘기를 들었을 때는 자신감이 수그러들었다. 마음이 약해지기도 하고, 솔직히 불안하기도 했다.

하지만 우리의 해결책은 '빨리 입력하는 것'이 아니었다. 입력하지 않아도 되도록 '입력을 자동화하는 일'이었다.

만약 이것이 실현되면 기존의 회계 소프트웨어에 비해 50배 빠른 속도로 회계 업무를 끝낼 수 있다는 시험결과도 우리 손에 있었다. 그것은 절대적으로 가치 있는 일이라는 강한 확신으로 이어졌고 그런 확신 덕분에 주위에서 뭐라고 하든 흔들리지 않고 힘차게 개발에 매진할 수 있었다.

하지만 우리의 아이디어는 주변에 물어도 좀처럼 긍정적인 의견을 거의 듣지 못했다. 우리 자신도 '프로그램을 알아주는 일부 사용자의 요구를 강력하게 충족할 수만 있다면 그것으로 충분하다'는 일종의 체념 상태에 있었다.

그런데 정작 클라우드 회계 소프트웨어 프리를 출시하자 우리의 상상을 뛰어넘는 폭발적인 반응을 얻었다. "이런 서비스를 기다렸다!"라는 사용자의 목소리가 SNS에 잇따라 올라왔다. 접속자가 한꺼번에 몰려 홈페이지의 서버가 다운되는 바람에 서비스를 중지하지 않을 수 없을 정도였다.

그리고 마케팅 활동은 거의 하지 않았는데, 출시 2개월 만에 4400곳 이상 사업장에서 사용하는 상황이 벌어졌다. SNS의 입소문으로 널리 퍼진 덕분이었다.

만약 '고객이 원하니까 빨리 입력할 수 있는 프로그램을 만들 필요가 있겠다'는 의견을 받아들였다면, 작은 개선은 가능했을 것이다. 하지만 그 서비스를 통해 중소기업의 회계 업무를 자동화하는 혁신을 낳지는 못했을 것이다. **고객의 소리는 서비스를 개선하는 측면에서 매우 중요하다. 그러나 서비스를 혁신하는 국면에서는 반드시 필요한 것은 아니다.**

이런 경험을 통해 우리가 믿는 것을 만드는 일에 집중하는 '진짜 가치'라는 사고방식이 생겨났다. 사용자의 요구와 의견을 그대로 받아들일 것이 아니라, 비록 필요 없다고 말해도 자신들이 믿는 길을 가는 것이 훨씬 중요하다는 것을 느꼈다. 그리고 어떤 의미에서 '필요 없다'는 말 자체가 업계의 틈새시장을 만드는 진입 장벽이 되었던 것이다.

'진짜 가치'는 프리라는 회사의 가치 기준에 그치지 않는다. 뭔가 하고 싶은 것이 있을 때, 효과적인 새로운 서비스를 창출하고자 할 때, 두루 유용한 사고방식이라고 생각한다. 주변의 소리에 휩쓸리거나 좌지우지되지 않기 위해서도 의미 있는 질문이다.

자신이 최고의 해결책이라고 믿는 것이 있다면, 주변에서 하는 말에 흔들릴 것이 아니라, 자신이 믿는 것에 충실해야 한다.

자신이 가치 있다고
생각하는 일은 끝까지 믿는다.

혁신을 일으키는 일은
어렵지 않다

"이노베이션(기술 혁신)이란 건 아주 간단해."

이렇게 입버릇처럼 말한 사람이 있다. 학창 시절에 인턴으로 일했던 인터스코프의 당시 사장이다. '당연한 두 가지를 곱하기만 하면, 이노베이션이 된다. 따라서 천재가 아니어도 혁신을 일으킬 수 있다'는 논리였는데, 이런 논리가 나도 모르게 내 머릿속에 각인되어 있었던 것 같다.

학창 시절 인턴으로 일할 때, 가격 결정(프라이싱)에 대해 조사하면서 마케팅 리서치 책을 읽은 적이 있다. 이 책에는 일반적으로 사용되는 PSM 분석법(Price Sensitivity Method, 가격민감도 분석법)이라는 마케팅 리서치 기법에 대해 두 페이지 정도 소개되어 있었다. 이것은 제품이나 서비스의 최적 가격을 도출하는 분석기법이지만, 왜 그 방법을 사용하면 최적의 가격이 도출되는지, 그 근거는 적혀 있지 않았다. 그 때문에 아쉽게도 내용을 이해할 수 없었다.

다음날 그 사실을 사장에게 말하자 "그럼 어떤 논리인지 분석해보면 되지 않겠느냐"는 대답이 돌아왔다. 앞에서 말한 데이터를 집계해서 분석 가능한 형태로 정리하는 자동화 시스템을 만든 뒤라서 시간 여유도 있고, 흥미로울 것 같기도 해서 그 제안을 받아들이기로 했다.

"이노베이션이란 건 아주 간단하다"는 말이 각인되어 있었기 때문에 이것도 의외로 쉽게 풀리지 않을까 하는 기대, 즉 심리장벽이 낮아져 있었던 것이다. 더구나 책에 소개된 내용이 이해되지 않으니 나 자신이 더 재미있는 것들을 찾을 수 있을지도 모른다고 긍정적으로 생각했다.

우선 원서를 찾아보기로 했다. 왜 여러 책에서 PSM 분석법을 소개한 것인지, 그 출발점이 되는 문헌을 따라가다 보면 이치를 발견할 수 있을 거라고 생각했다. 다양한 책을 읽어보고 약간의 오역이랄까, 논리가 제대로 해석되지 않은 채 번역된 부분이 있다는 것을 알았다.

그 방법을 그대로 이용하는 것은 사실 큰 의미는 없지만 우연히 조사하고 있던 다른 가격 결정에 관한 조사방법과 조합했을 때 논리적으로도 알기 쉬운 방법을 만들 수 있다는 것도 알았다.

방법의 개선 자체는 대단한 것이 아니었다. PSM 분석법과 우연히 접하게 된 다른 두 아이디어를 조합했을 뿐이다. 넓은 범주에서 문헌을 읽고 처음에 입력하는 양을 늘려놓는 것이 전부였다. 과거에 어떤 생각이 존재했는지를 알게 되자, 그렇게 조합하면 되겠다는 아이디어가 떠올랐기 때문이다.

아이디어의 단순한 조합이긴 하지만 내가 개선 방안을 보탠 분석기법 논문은 세간에서 높은 평가를 받게 되었다. 내가 쓴 논문은 일본 마케팅학회의 동료평가 논문뿐 아니라, 마케팅업계의 허가 없이는 실리지 않는 잡지에도 게재되었다(논문은 마케팅 리서치 서적 등에서 지금도 인용되고 있다).

"자네는 지금 주위 사람이 전혀 생각하지 않은 것에 몰두하고 있어. 그러나 어렵게 여기지 않고 간단하고 쉬운 일이라고 생각하는 것이 중요해. 사람은 누구나 이노베이션을 일으킬 가능성을 갖고 있거든." 당시 사장이 늘 하던 이 말을, 나는 이렇게 해석한다. '천재가 아니어도 이노베이션은 일으킬 수 있다.' 그러한 견해는 매우 인상적이었고, 나 자신의 사고방식에도 깊이 뿌리를 내렸다.

'이것과 이것을 조합했을 뿐'이라고 하면, 어딘지 모르게 얄팍한 발상으로 생각하고 기피하는 사람이 있을지도 모른다. 하지만 나도 그때는 몰랐지만, 지금 생각해보니, '인터넷×○○'에서 '인터넷×서점＝Amazon'이 생겨났고, '스마트폰×○○'에서 '스마트폰×택시＝Uber'가 생겨났다. **이와 같이 간단히 조합하면 이노베이션이 일어나는 것이다.**

'인터넷×회계 소프트웨어＝프리freee'라는 것도 단순한 발상에서 시작되었다. 이것도 내가 '기술 혁신을 일으키는 일은 간단하다'는 사고방식을 지니고 있지 않았다면, 클라우드 회계 소프트웨어 프리는 이 세상에서 빛을 보지 못했을 것이다.

세상에는 재미있는 아이디어로 가득하다. 그런데 **그 아이디어 자체보다 '이건 대단하다. 이것으로 세상을 바꿀 수 있지 않을까?'라는 열망을 갖는 자세가 더 중요한 경우도 많다.** 기술 혁신의 씨앗은 누구의 주변에나 널려 있다.

새로운 개념은
기존 개념의 조합으로 생겨난다.

3개월을 쌓고 쌓는다

프리 창업을 계기로 나의 '3개월 법칙' 스타일이 조금 바뀌었다. 스몰 비즈니스에 종사하는 모든 사람이 창조적인 활동에 집중할 수 있도록 돕고 싶다는 임무를 실현하려면 3개월간 열심히 몰두하는 것으로 끝나지 않는다. 더 긴 구간의 목표를 파악할 필요가 있었다.

프리를 창업한 2012년 7월, 첫 3개월 주제는 뭐니 뭐니 해도 클라우드 회계 소프트웨어를 하루라도 빨리 완성하는 일이었다. 하지만 창업 후 첫 3개월 동안 사실은 매우 비효율적으로 시간을 사용하고 말았다. 나에게 갑자기 무한의 시간이 생기자, 뭔가 좀 더 좋은 아이디어가 나오지 않을까 하는 생각에 다시 한번 원점에서 검토하는 데 시간을 썼던 것이다.

개인 창업이라는 것이 정해진 마감이 없는 세계이다 보니 심판을 봐주는 사람도, 격려하며 응원해주는 사람도 없었다. 아마도 새로운 환경에 잘 적응하지 못한 것인지도 모른다. 첫 3개월간은 일을 진행하기보다는 창업했다는 들뜬 마음으로 시간을 보냈다.

7월에 창업했는데 어느새 계절은 가을이 되었고 바깥 날씨도 서늘해졌다. 동료들 사이에 이러다가는 큰일 나겠다는 위기감이 생기자 차츰 개발에 속도를 내기 시작했다.

지금 프리 창업 당시를 되돌아보면 아쉬운 점이 많다. 구글에서 경험한 3개월 주기의 중요성을 염두에 두고 정말로 꼭 필요한 일부터 했어야 했다. **중요한 것은 신속하게 행동해서 먼저 무엇이라도 성과를 내야 한다는 점이다.** 그 후에 사용자의 피드백을 받아 개선하면서 완성도를 높여가면 된다. 현재는 철저히 하고 있지만, 창업 당시는 지금 생각해도 부족한 점이 많았다. 그럼에도 많은 것을 배운 3개월이었다.

그런 이유로 다음 3개월은 '더 이상 머뭇거릴 수 없었다. 회계 소프트웨어를 만들어내겠다'는 결의로 작업에 임했다. 우리의 첫 번째 타깃은 개인 사업자였기 때문에, 확정 신고가 시작되는 2월 중순을 목표로 하여 진행하기로 마음먹었다.

필사적으로 반전을 꾀하려고는 했지만, 도저히 확정 신고 개시일까지 소프트웨어를 완성하기는 무리였다. 만약 1개월 빨리 개발을 서둘렀다면 확정 신고가 시작되는 시기에 맞춰 새로운 서비스를 출시할 수 있었을 것이다.

이런 아쉬움을 안은 채, 2013년의 확정 신고 마감 직후인 3월 19일에 반드시 출시하겠다는 일념으로 일에 매달렸다. 이것은 절대로 양보할 수 없는 데드라인이었다.

클라우드 회계 소프트웨어 프리의 첫 번째 버전을 세상에 내놓자, 반응이 매우 좋았다. 그래서 다음 3개월은 제품에 대한 피드백을 받고, 프리를 다듬고 수정하는 일에 몰두했다.

그리고 우리가 새로운 주제로 개선한 소프트웨어를 스타트업 기업이 다수 참가하는 유명한 피치 콘테스트에 내놓기로 했다. 피치 콘테스트는 여러 기업들이 제품이나 서비스를 발표하고, 그 내용을 겨루는 경연대회다. 그 결과, 5월에 출전한 대회에서 우승해 인지도가 쑥쑥 올라갔다. 7월에는 2억 7천만 엔(약 27억 원)의 자금을 조달하는 데도 성공했다.

하지만 클라우드 회계 소프트웨어라는 새롭고 획기적인 옵션이 늘었음에도 불구하고 중소기업 경영자 대부분은 아직 이것을 모르고 있었다. '왜 그럴까?'라는 의문이 들었다. 그래서 그다음 3개월의 주제는 클라우드 회계 소프트웨어 프리라는 상품 자체의 인지도를 높이는 데 주력했다.

이런 식으로 **하나의 주제에 몰두하다 보면, 과제는 대체로 3개월마다 바뀐다. 그러면 다음 3개월 동안 몰두할 주제도 자동으로 바뀐다.**

목표가 멀리 있는 대형 과제라도 3개월마다 주제가 바뀌면 반드시 싫증내지 않고 목표에 다가갈 수 있을 것이다.

장기적인 목표를 정해두고
3개월마다 주제를 설정한다.

제3장

목표 설정

**생각의 틀은 넓게,
목표는 구체적으로**

3개월
사용법이
인생을 바꾼다

자신의 능력을
스스로 제한하지 않는다

처음에는 이상적으로 사고할 필요가 있다.

사람들은 '지금 할 수 있는 일'을 토대로 생각하는 경향이 있다. 갖춰진 것이 이것밖에 없으니까 이런 일밖에 못한다는 식이다. 그러나 우선은 하고 싶은 일과 그 일을 하기 위해 필요한 인력과 자금 등을 이상적으로 생각해보는 것이 좋다. 왜냐하면 **'지금 할 수 있는 일'만을 기준으로 생각하면 '생각의 틀'이 좁아지기 때문이다.**

이상적인 상태를 만들기 위해서는, 먼저 어떻게 하는 것이 최선인가를 생각해본다. 이것을 프리에서는 '이상 드리븐driven' 이라고 부르고 있다. 이상을 동력으로 생각하는 것도 프리의 가치 기준 가운데 하나다. 새로운 가치를 세상에 내놓을 때, 진짜 가치와 마찬가지로 매우 유용한 사고방식이라고 생각한다.

프리를 개발할 때, "회계 업계의 관습은 30년간 바뀌지 않았으니 그만두는 것이 좋다"고 주위에서 말렸다는 이야기는 앞에서도 언급했다. 그런데 그때 '우리에게는 회계에 관한 전문성이 없기 때문에 기술 혁신을 일으킬 만한 소프트웨어를 개발하는 것은 어렵다'고 생각하지는 않았다. 오히려 개발하는 데 이상적인 상태를 먼저 생각했다.

창업 초기에는 소프트웨어 개발이 무엇보다 우선해야 할 과제였으므로 어쨌든 개발하는 데 전속력을 내야 했다. 이상적인 상태는 창업 멤버인 나를 포함해 3명이 모두 엔지니어가 되는 것이었다. CTO(Chief Technology Officer, 최고기술책임자)인 요코지는 원래 엔지니어였으나, 웹 개발 경험이 없었기 때문에 열심히 공부하면서 개발에 몰두했다.

또 한 명인 히라구리는 그때까지 프로그래밍과는 인연이 먼 사람이었다. 그는 로스쿨을 나와 사법시험에 세 번 떨어지고, 실업자로 있다가 프리에 들어온 인물이다. 만약 '지금 할 수 있는 일'이라는 측면에서 생각한다면 그는 프로그래밍을 못했기 때문에 차를 끓이거나 법무를 담당하는 상황이 전개됐을 것이다.

하지만 그것이 이상적인 상태는 아니었다. 소프트웨어 개발이라는 미션을 재빨리 끝내려면 다 같이 엔지니어로 나서는 것이 최선이었다. 그래서 히라구리도 프로그램을 작성할 수 있도록 열심히 공부하기 시작했다. 당시의 경력으로는 도저히 생각할 수 없는 일이었지만, 그 후 그는 개발 부문을 총괄하는 책임자가 되었다.

프리에서 먼저 생각해야 할 것은 '이상'과 '본질적인 가치'이며, 이를 위해서는 뭐든지 도전해보자는 문화가 창업 당시부터 있었다. 이것은 프리의 가장 큰 강점이라고 자부한다.

보통 회사라면 '지금 내가 회사를 위해 할 수 있는 일이 무엇인가?'를 고민하겠지만, **특별히 '지금 할 수 있는 일'에 집착할 필요는 전혀 없다**고 생각한다. 특히 일본은 경험을 대단히 중시하는 사회여서 이상을 먼저 생각하는 것이 어려울 수도 있다. 전 직장에서는 이런저런 일을 했다는 경험 중심으로 일을 추진해나가는 경우도 많다.

그렇게 경험 중심으로 생각하는 버릇이 자신도 모르게 자연스럽게 몸에 밴 사람도 의외로 많다. 그런 사람이야말로 '나는 경험이 없기 때문에 할 수 없다'는 생각 대신 **현실과 이상의 갭을 메우기 위해서는 무엇을 먼저 해야 할까 하는 생각으로 사고방식을 바꿀 필요가 있다.** 그렇게 생각하느냐 못하느냐에 따라 성과나 자신의 성장에도 큰 차이가 생길 것이다.

물론, 현실 사회에서 타협하지 않으면 안 될 때도 많다. 그러나 **이상을 중심축으로 생각하는 습관이 몸에 배면 자신의 능력을 스스로 제한하지 않게 된다.** 사고의 틀이 더욱 넓어지고 시야도 열린다. 무엇보다 이상과 현실의 차이를 알고 있으면 이상에 접근하기 위해 스스로 앞으로 나아가려고 노력하게 된다.

그러면 자신이 할 수 있는 일이 늘어나고 성공 가능성도 높아진다. 결과적으로 창출하는 성과의 영향력도 커질 것이다. 사고 습관 하나로 일의 결과가 크게 바뀌는 경우가 내 주위에서는 종종 일어나고 있다.

처음에는
현실이 아니라
이상을 중심으로 생각한다.

목표는 행동에 초점을 맞춰서 설정한다

스스로 조절할 수 없는 목표는 설정해도 의미가 없다.

이것은 목표 설정의 기본이라고 생각한다. 앞일을 내다볼 수 없는 상황에 놓인다는 것은 기분 좋은 일이 아니다. 누구나 자신이 설정한 목표는 반드시 달성하고 싶은 것이 당연하다. 그러니까 자신이 통제할 수 있는 목표를 설정하는 것이 중요하다.

예를 들어 영업 담당이라면 '이달 매출 목표는 1000만 원' 등 달성해야 할 구체적인 숫자를 목표로 설정하는 경우가 많다. 만약 그 금액을 자기 혼자서 모두 통제할 수 있다면 문제가 없다.

하지만 영업은 고객의 반응에 실적이 크게 영향을 받는 경우가 다분한 것이 현실이다. 그렇게 **스스로 통제할 수 없는 부분이 있으면, 목표를 달성하기 위해 구체적으로 무엇을 해야 할지 보이지 않는다. 무조건 노력할 수밖에 달리 방법이 없다.**

더구나 자신이 통제할 수 없을 것 같은 목표는 불안과 조바

심을 부추기게 된다. 그런 정신 상태로는 해야 할 일에 100퍼센트 집중하기 어렵기 때문에 효율적이지 않으며 기분도 좋지 않다.

따라서 **목표를 설정할 때는 '매출 1000만 원(목표 달성)'이 아니라 '클라이언트에 대한 방문 건수 20건(행동 목표)' 식으로 자신이 해야 할 일에 초점을 맞출 필요가 있다.** 사실, 이 경우 방문 건수뿐만 아니라 고객을 만나면 어떤 말을 하겠다는 목표도 갖고 있어야 한다.

그리고 '이 일에 가장 많은 시간을 쓰겠다' '이 내용을 반드시 이해할 것이다'라는 식으로 수단과 스킬을 목표로 정하면 해야 할 일의 우선순위가 명확해지고, 행동 기반의 구체적인 계획을 세울 수 있게 된다.

'목표는 자신이 통제할 수 있는 것으로 설정한다'는 점은 비즈니스뿐만 아니라 공부를 할 때도 마찬가지로 적용할 수 있다.

가령 영어를 공부할 때도 '일상 회화가 가능한 수준'이라는 식으로 막연한 목표를 설정해서는 안 된다. 결과로서의 목표도 좋지만, **목표는 '무엇을' '어느 정도' 몰두하면 좋을지 명확히 나타낼 필요가 있다.** '자신이 해야 할 일'에 초점을 맞춘 구체적인 목표를 설정하지 않으면, 사람은 행동에 옮기는 이미지를 그릴 수 없다.

영어를 공부해서 토익 600점을 달성하겠다는 식으로 목표를 세우는 경우도 많다. 이것은 언뜻 보면 구체적인 것 같지만, 점수는 자신이 직접 컨트롤하기 힘들고 보통 사람은 토익 600점의 능력이 어느 정도인지 이미지로 그릴 수 없기 때문에 몰두할 목표로서는 권할 만한 것이 못된다.

결과적으로 토익 600점이 됐다 해도 목표는 '이 책에 있는 단어를 모두 암기한다'거나 '이 책 3권에서 출제되는 모든 문제에 대해서는 완벽하게 답을 쓸 수 있게 준비한다'라는 식으로 직접 조절할 수 있는 것으로 목표를 세우는 것이 좋다. 그렇게 해서 자신이 해야 할 일이 명확해지면 구체적으로 행동에 옮기기 쉬워진다.

영어 책 3권에 실려 있는 내용을 모두 암기하는 경우 계산하면 다음과 같은 목표를 설정할 수 있다.

1개월에 1권씩 암기해야 한다. → 그러기 위해서는 매일 2페이지씩 진행할 필요가 있다. → 아마 한 번만 해서는 잊어버릴 테니까, 복습도 매일하는 것이 좋다. → 1개월 후에 또다시 공부했던 곳을 복습하여 3회 정도 반복하면 암기할 수 있을 것이다. → 그래도 틀리는 부분은 이때에 모두 리스트를 만들어 마지막 2주 정도에 다시 한번 반복한다.

이런 식으로 '무엇을, 어떻게 할 것인지' 확실한 계획을 세운다.

그러면 나머지는 그 계획에 따라 하기만 하면 된다. 해야 할 일에 집중할 수 있는 것이다. 계획했던 것보다 진도가 늦어지면, 좀 더 속도를 내야 한다고 판단함으로써 즉시 계획을 수정할 수도 있다.

물론 달성하고 싶은 목표를 세우는 것은 자신감을 잃지 않기 위해서도 중요한 것이므로 반드시 세우는 것이 좋다고 생각한다. 하지만 실제로는 '자신이 통제할 수 있는 것'에 초점을 맞추고 행동 목표를 중시하면 실현 가능성도 높아진다.

점수가 아니라
행동으로 옮길 수 있는
목표를 세운다.

의미가
강력한 동기가 된다

"왜 구글을 그만두었어요?"

이것은 내가 자주 받는 질문이다. 답을 하자면 프리라는 클라우드 회계 소프트웨어의 구상을 실현하고 싶었던 게 가장 큰 이유다.

구글에서 일하면서 인터넷과 인공지능AI을 중심으로 하는 테크놀로지의 활용으로 일본의 모든 사업을 향상시킬 수 있지 않을까 하는 생각이 점점 강해졌기 때문이다.

그렇다고 예전부터 창업하고 싶다는 생각을 했던 것은 아니다. 내가 구글을 그만두고 창업한 이유가 무엇일까 곰곰이 생각해보면, 하나의 대답에 다다른다.

'실패해도 좋다. 나 자신이 주체가 되어 세상에 크게 공헌하고 싶다'는 것이다. 예전과 달리, 창업한 결과가 좋지 않더라도 경력에 흠집이 생기는 것이 아니라 오히려 더 관록이 붙는 것이라고 생각하게 되었다. 그러므로 실패해보는 것도 의미가 있다고 생각하고 과감하게 뛰어들 수 있었다.

구글에서 일할 때 나는 그곳의 기업문화에 크게 영향을 받아 많은 도전을 했다. 구글에서는 무엇보다 일하는 즐거움이 있었다. 구글이라는 회사가 세상에 미치는 기여도가 아주 높은 데다, 일하면서 처음으로 내 일의 의의를 즐길 수 있게 되었기 때문이다. 그러나 동시에 구글이라는 큰 조직에 있다 보니, 한 개인이 세상에 기여한다는 느낌이 점점 희박해져갔다.

그때 마침 회계 소프트웨어를 떠올리게 되었다. '회계 소프트웨어는 모든 기업에서 필요로 한다. 최신 인공지능과 클라우드 기술로 압도적인 업무 효율화와 경영의 가시화를 실현할 수 있는 새로운 소프트웨어를 만들어 그것을 일반화할 수 있다면, 볼링의 센터 핀을 쓰러뜨리듯이 세상의 상식을 바꾸는 데 큰 영향을 미칠 수 있다.' 그런 생각이 구체화되자 가슴이 설렜다.

그때까지 일본의 중소기업에서는 새로운 테크놀로지를 도입하는 것을 기피하는 경향이 있었다. 하지만 적어도 회계 업무만이라도 인터넷과 인공지능의 활용으로 간단해지면, 중소기업의 모든 분야에서 테크놀로지는 친근감 있는 존재가 될 것이다.

게다가 그 분야에 아직 아무도 나서지 않고 있어 개발의 의의와 필요성도 강하게 다가왔다. 비록 실패하더라도 그 과정에서 배운 것 자체는 세상에 큰 영향을 줄 것이라고 생각했다. 그런 생각을 하자 창업이 세상에 가장 잘 기여할 수 있고, 나 자신에게도 딱 들어맞는 형태처럼 느껴졌다. 그래서 구글을 그만두고 프리라는 회사를 창업하게 되었다.

그런 생각이 반영되었기 때문인지 프리에는 사내 평가제도로서 사회에 대한 영향을 묻는 기업문화가 있다. 인사 평가에서 그 사람이 어떤 결과물을 냈는지, 그 결과물이 세상에 긍정적인 영향력이 있는 일이었는지를 굉장히 중시해 '임팩트 리뷰'라는 제도로 운용하고 있다.

세상에서는 어느 정도의 매출을 올리고 있는가 하는 정량적 목표 설정이 일반적이지만, 프리는 그것만을 중시하지는 않는다. 물론 사업부에 정량적인 목표가 있긴 하다. 그러나 세상이나 조직에 어떤 영향을 주었는가 하는 부분에 더욱 초점을 맞춰 인사 평가를 한다. 나날이 발전하는 새로운 테크놀로지를 일본의 스몰 비즈니스에 종사하는 사람들에게 하루 빨리 제공하고 백오피스의 번거로움에서 해방되어 본업인 '창조적 활동'에 전념할 수 있도록 하기 위해서다. 또한 **숫자보다 더 중요한**

본래의 목적을 놓치지 않기 위해서이기도 하다.

이것은 회사의 목표에만 해당되지 않는다. **개인적인 목표도 세상에 미치는 영향이라는 거시적인 관점에서 생각하면 동기와 행동의 질이 높아지는 것은 물론이다.**

장기적인 목표는
'세상에 얼마나 기여할 수 있는가?'에
초점을 둔다.

세상의 문제에
관심을 기울여라

'더 나은 세상을 만드는 데 열중한다.'

구글에는 위와 같은 마인드를 지닌 우수한 인재들이 많았다.

구글에는 'Thank God, It's Friday(하나님 감사합니다. 오늘은 금요일입니다)'라는 문구의 머리글자를 딴 'TGIF'라는 문화가 있었다. TGIF란 그 주일이 무사히 끝난 것에 감사하고 직원들의 노고를 위로할 목적으로 금요일 저녁에 사무실에서 열리는 파티를 말한다.

파티에서는 '더 나은 세상을 위해 우리가 할 수 있는 일은 무엇인가'라든가, '사회문제 해결을 위해 어떤 노력을 할 것인가'와 같은 이야기가 화제로 등장하기 때문에 모두 아주 자연스럽게 참여한다. 예를 들어, 직원들이 어떤 복지시설을 견학한 후 구글에서 이러저러한 점을 개선하면 더 널리 더 많은 사람들에게 도움이 될 것이라고 발표한다. 그러면 그 제안에 대해 모인 사람들이 저마다 자신의 의견을 개진하며 매우 활발하게 토론을 벌인다. 이처럼 TGIF라는 가벼운 마음으로 모였음에도 더 나은 세상을 만들기 위해 모두 진지하게 토론에 임했다.

제기된 의견이 그들이 할 수 있는 과제라는 데 공감대가 형성되면 모두 자신의 일처럼 관심을 갖고, 이에 대한 의견과 아이디어를 내면서 당연한 듯 과제를 해결하기 위한 논의를 시작했다. 동일본 대지진이 일어났을 때도 구글의 엔지니어가 하룻밤 만에 대피 시설을 안내하는 소프트웨어를 만들었다. 그리고 그것을 스마트폰뿐만 아니라 구식 폴더폰으로도 볼 수 있도록 했다. 뿐만 아니라 계속해서 피해 지역 문제를 해결하는 시책을 발표했다. 이처럼 더 나은 세상을 만드는 데 열의를 갖는 마인드는 내가 구글에서 일하면서 가장 크게 영향을 받은 것 중 하나다.

프리에도 그런 구성원들이 많다. 어떤 직원은 NPO(민간 비영리 단체)에서 필요한 회계 관리에 서비스 활동을 하고 있는데, 그 역시 문제의식을 가지고 자발적으로 시작한 것이었다.

세상의 문제에 몰두하는 것이 중요한 이유는 사회에 미치는 영향력의 크기뿐만 아니라 목표를 향해 가는 데도 좋은 동기부여가 되어 일을 꾸준히 지속할 수 있게 해주기 때문이다.

구글에 있을 때 1개월의 휴가기간을 통해 그 중요성을 절실히 느꼈다. 당시 나의 상사는 네덜란드인이었는데, 일본인은 일을 너무 많이 한다며, 1개월 정도 휴가를 다녀오는 게 좋겠다고 휴식을 권했다.

나는 상사의 의견에 따라 휴가를 냈으나 우선 한 달 동안 무엇을 해야 할지 몰랐다. 그런 장기 휴가에 함께 놀아주는 사람도 없었다. 나는 망설인 끝에 호주 골프스쿨에 들어가 실력을 키우기로 했다.

그런데 오로지 골프 연습하고 밥 먹고 잠자는 느긋한 생활이 반복되자 3일 만에 싫증이 났다. 골프는 그런대로 재미있었으므로 스킬 향상을 목표로 노력할 수도 있었다. 하지만 나는 그런 생활을 더 이상 계속하기 어려웠다. 단순히 욕구를 충족시키는 일에 의외로 빨리 싫증이 나버린 것이다.

무엇보다 먹고 마시고 골프를 하는 생활이 세상에 기여하는 것은 아니었다. 실속 없는 겉치레라는 점 말고도 오로지 나 자신만을 위해 즐기는 생활은 오히려 내가 단지 소비만 하는 존재로 생각되어 점점 싫증이 났다. **찰나적인 쾌락보다는 세상 문제를 좀 더 진지하게 해결하려 노력하는 삶이 장기적으로 확실히 재미있을 것 같았다.** 그때 분명히 그렇게 확신했다.

특히 현재는 막연히 살아간다 해도 생명이 위험에 노출되는 시대는 아니다. 그렇기 때문에 더욱더 '무엇을 위해 살 것인가' 처럼 인생의 목표 설정이나 삶의 의미를 찾는 것이 중요하다고 생각한다.

가령, '돈을 많이 벌고 싶다'는 목표를 세운다면 돈을 잃고 싶지 않은 마음 때문에 대담한 의사결정이나 멀리 내다보는 안목을 갖기는 어렵지 않을까.

반면, **세상에 기여한다는 발상으로 목표를 향해 매진한다면, 비록 실패해도 실패의 귀중한 사례로 소개될 만한 스토리를 남기게 된다.** 그렇게 몰두하는 열정 자체가 의미 있는 일이므로 저절로 사명감을 갖고 과감한 결단과 행동을 하게 된다. **내가 하는 일이 세상의 과제 해결로 연결된다거나 세상에 기여할 수 있다는 생각은 사실 나 자신을 위한 것이기도 하다.**

> 세상의 문제를 해결하는 것은
> 나 자신을 위한 것이기도 하다.

사람을 모으는 것은
이야기다

자금이나 사람을 모으는 데 능숙한 사람은 모두 예외 없이 스토리텔러다.

이것은 지금까지 나의 경험을 통해 말할 수 있는 진실이다. 시장 규모와 단가의 정확한 수치를 제시하며 벌어들일 수 있는 사업의 규모를 말하는 것은 누구나 쉽게 할 수 있다. 하지만 구글에서도, 광고 대행사 하쿠호도에서도 투자 유치나 인재 모집에 성공하는 사람들은 마음을 움직이는 주제와 목표를 갖고 설득력 있게 스토리를 전하는 데 대체로 뛰어났다.

그런 사람들은 매우 중대한 문제의식을 가지고 흥미로운 프로젝트를 중심으로 주제와 목표를 명쾌하게 제시한다. 그리고 **'이 일에 전념하면 세상이 이렇게 재밌게 바뀐다'라는 이야기를 갖고 있다.** 듣는 사람이 '어려운 과제이긴 하지만 세상이 이렇게 바뀐다면 실현되길 바란다'라고 생각할 만큼 스케일이 큰 이야기를 만드는 데 굉장히 능숙하다. 그렇기에 그런 열정에 관심을 갖는 사람을 많이 끌어들일 수 있는 것이다.

구글에는 비즈니스와 관계없이 세상의 문제 해결에 특화된 사내 NPO 같은 팀이 있었다. 그 팀의 구성원들과 함께 일하면서 느낀 것은 그들에게는 강한 설득력이 있다는 것이었다.

그들이 무엇이 문제인지 지적하며 자신들의 의견을 주장할 때, 스토리가 내 마음속에 깊이 와닿았다. 지금도 그 느낌을 잊을 수가 없다. 동일본 대지진 당시, 그들은 재해 예측이나 재해 관련 정보를 일반인들에게 잘 전달하기 위한 과제와 그것의 해결방법을 제시했는데 그들의 이야기를 듣다 보면 점차 납득이 갔다. 나도 일본의 관공서와 중간역할을 하며 협력했는데, '문제 해결을 위해 나도 뭔가 행동을 취해야겠다'는 생각이 절로 들 정도였다.

스토리만이 아니라 과제 설정이나 표현이 모두 다 좋았기 때문이다. 정말 그들은 사람을 끌어들이는 흥미롭고 강력한 콘텐츠를 만드는 데 뛰어났다. 그런 곳에 돈과 사람이 모여드는 것은 당연한 일이다.

이 시대에는 설득력 있는 특별한 이야기가 없으면 비즈니스가 제대로 돌아가지 않는 경우가 많다. 전 세계적으로 돈보다 인재가 귀중해졌기 때문이다. 말하자면 돈은 남아돌지만 사람은 부족하다. 비록 자금을 모았다고 해도 그곳에 사람이 모이지 않으면 그 주제는 세상에 영향을 줄 만큼 큰 프로젝트로 키울 수 없다.

게다가 세상의 가치관 자체도 변했다. 돈을 얼마나 많이 버느냐보다 무엇을 하느냐가 더 중요해지고 있다. 돈이 되는 아이디어라며 같이 사업을 해보자고 권해도 반응하지 않는 사람이 많다.

이런 시대적 분위기를 감안하면 분명한 뜻을 전하는 이야기의 중요성은 아무리 강조해도 지나치지 않다. '그 사업에 기대를 걸어보겠다'는 마음이 생기는 것은 결국 숫자 때문이 아니다. 프리가 제로에서 시작해서 창업 5년 만에 300명이 넘는 직원이 모인 회사로 성장한 것도 회사로서 '스몰 비즈니스에 종사하는 모든 사람이 창조적인 활동에 뛰어들 수 있도록 돕는다'라는 미션을 중요시한 영향이 크다.

이야기는 세상의 큰 흐름을 의식하면서도 누구든 긍정할 수 있는 내용이어야 한다. 몰두할 주제를 찾아서 그것으로 누군가를 끌어들이거나 누군가의 힘을 빌릴 필요가 있다면 다음 세 가지를 확실히 염두에 두기 바란다.

- 누구를 대상으로, 무슨 일을 하고 싶은가?
- 그 일이 잘되면 어떤 일이 일어나는가?
- 그 일에는 어떤 의미가 있는가?

'내가 하는 일은 분명히 의미가 있다'는 강력한 이야기에 사람들이 공감하고, 마음이 움직인다. 만약 당신이 세상에 영향력 있는 성과를 내고 싶다면 모두가 '그 사업에 기대를 걸어보겠다'고 생각할 수 있는 이야기가 자신에게 있는지 꼭 한번 생각해보길 바란다.

> 바로 지금
> 사람들의 마음을 움직이는 것은
> 무엇인가?

마음이 흔들릴 때는
원점으로 돌아가라

사람의 마음은 변하기 쉽다. 나 자신도 금방 달구어지고 식는 성격이다. 마음이 바뀌는 것 자체는 누구에게나 흔한 일이고, 나쁜 일도 아니다. 그러나 3개월 동안 집중해서 하나의 주제에 전념하는 데는 조금 주의가 필요하다.

자신의 마음이 바뀌었다는 것을 잘 인식하지 못하면 그 바뀐 마음이 아주 쉽게 흘러가버리기 때문이다.

'왜 마음이 바뀐 것인가' '마음의 변화가 옳은가 옳지 않은가' '기분이 변하면 몰두하던 주제도 바꾸어야 하는가' 아니면 '끝까지 밀고나가야 하는가?' 등 그때마다 냉정하게 판단할 필요가 있다. 이런 식으로 '마음이 바뀐다'는 것을 늘 의식하지 않으면 자신도 모르게 기분의 변화에 휩쓸리기 쉽다.

사실 벽에 부딪혔을 때 좀 더 노력하면 충분히 극복할 수도 있다. 하지만 흔들리지 않는 중심축이 없으면 '역시 안 되는구나'라며 마음이 약해지기도 하고, 조금만 헷갈려도 방향을 바꾸려고 한다. 이것은 시간과 노력이라는 점에서도 그렇지만 무엇보다 스스로 가능성의 싹을 잘라버린다는 의미에서도 아까운 일이다.

망설여지거나 마음이 약해졌을 때, 자신이 어떻게 해야 하는지 알려면 원점으로 돌아와야 한다. 이처럼 되돌아올 장소, 혹은 의지가 되는 것이 원점이었던 '이야기'다. 냉정하게 자신을 원점으로 되돌려 합리적인 판단을 도와주는 기준이 된다. 특히 최종적인 목표가 상당히 멀리 있는 경우 그런 **이야기는 흔들리지 않도록 하는 강력한 축이 된다.**

예컨대 프리라는 회계 소프트웨어를 만들 때, 나의 이야기는 이랬다.

테크놀로지 도입과 인터넷의 활용으로 회계의 자동화와 효율화를 꾀할 수 있도록 중소기업을 돕고 싶다.

↓

이것이 성공하면, 중소기업이 일하는 방식을 바꿀 수 있어 창조적인 시간을 창출할 수 있다.

↓

이것은 일본의 스몰 비즈니스에 힘을 실어주면서 스몰 비즈니스에 도전하는 사람이 더 늘어나는 현상으로 이어진다.

클라우드 회계 소프트웨어 프리를 개발할 때, 처음에는 주위의 부정적인 의견을 들으면서 '어떻게 하면 사용자가 이 서비스에 관심을 가져줄 것인가' '이 서비스는 정말로 사용자에게 받아들여질 것인가' 고민하던 시기가 있었다.

그렇지만 **내가 몰두하는 일에는 본질적인 가치를 고려한 주제와 목표, 이야기가 있었기 때문에 그때 해결해야 할 일과 다음에 해야 할 일이 저절로 보였다.** 그리고 결과적으로는 흔들리지 않고 전진할 수 있었다.

'누구를 대상으로, 무슨 일을 하고 싶은가?' '그 일이 잘되면 어떤 일이 일어나는가?' '그 일에는 어떤 의미가 있는가?' 이에 대한 대답은 의사결정을 하는 데 명확한 판단 기준이 된다.

확실한 판단 기준을 갖고 있으면, 설령 도중에 고민하게 돼도 목적지까지 흔들리지 않고 한 걸음 한 걸음 나아갈 수 있다.

이것은 비즈니스뿐만 아니라, 꿈과 목표를 가진 모든 사람에게 해당된다. 흔히 '길을 잃었을 때는 원점으로 돌아간 후 다시 길을 찾아야 한다'고 하는데, 이야기는 바로 '원점'이 된다. **벽에 부딪혔을 때 자신이 그린 이야기를 생각하면 거기서 '의미'를 찾**

아낼 수도 있다.

목표를 향해 힘차게 전진하는 사람을 보면 알 수 있다. 그들은 자신이 하는 일이 의미 있는 일이라는 확고한 이야기를 분명 갖고 있다.

흔들리지 않고
앞으로 나아갈 원점이 되는
이야기를 만들어라.

제4장

실행

단순하지만
강력한 행동을 위한 무기

3개월
사용법이
인생을 바꾼다

의사결정의
시스템을 갖춘다

우리는 하루를 살면서도 어떻게 할지 고민하는 일이 의외로 많다. 점심에 편의점에서 도시락을 선택할 때에도 어느 것을 고를지 고민한다. 이런 고민은 의사결정의 기회와 동시에 찾아온다. 그래서 나는 **'이럴 때는 이렇게 한다'라고 즉시 판단할 수 있는 시스템, 즉 일정한 형식을 마련해놓고 망설이는 횟수를 줄이고 있다.**

미리 의사결정의 시스템을 준비해둬야 할 필요성은 특히 창업하고 나서 깨닫게 되었다. 필요 이상으로 고민하지 않기 위해서는 매우 중요한 발상이다. 예를 들면 직원이 상담을 요청할 때 상담 내용의 수준에 따라 '스스로 결정하면 된다' '해당팀의 확인을 받은 후, 괜찮다면 진행한다' '어려운 문제이니 ○○와 미팅해보고 그 자리에서 결정한다'라는 식으로 의사결정의 '분야'를 구분해놓았다.

대부분의 일은 기준이 있으면 그것에 따라 판단할 수 있지만, 만약 상의해야 할 일이 비슷한 경우가 매우 많다면 해당 기준을 명문화하는 것이 좋다.

물론, 하나부터 열까지 규정으로 정하려고 하다 보면 '우리 회사가 대기업이냐, 관료냐' 등의 불평이 많을 수도 있다. 하지만 상담을 요청하는 횟수가 매우 많은 항목의 경우 명문화하고, 그렇지 않은 것은 머릿속에 기준을 갖고 있거나 가볍게 주위에 알려두는 것과 같이 유연하게 처리하면 훨씬 일을 진행하기 좋을 것이다.

이처럼 나 혼자서 결정하는 일을 줄여야겠다고 생각하게 된 계기는 창업 후 멤버가 30명 정도의 규모가 되었을 무렵이다. 모든 것을 내가 직접 결정하려고 하면 오히려 효율적이지 못하다는 것을 알았기 때문이다.

회사의 규모가 커짐에 따라 혼자서 처리할 수 있는 일은 점점 한정되어갔다. 그와 동시에 내가 직접 일일이 관여해 결정한 일의 경우 생산성이 그다지 높지 않다는 것을 깨달았다.

예컨대 '잘 모르지만, 그렇게 정해진 거니까 일단 해볼까' 하는 식으로 일을 진행하는 사람이 나왔다. "잘 모르지만 일단 했습니다. 그랬더니 예상과는 전혀 다른 결과물이 나왔습니다"라는 식이 되면 생산성이 현저히 떨어지는 것은 자명하다.

무엇을 위해 전념해야 하는지 본인도 모르는 상황을 만들지 않기 위해서, 특히 의사결정의 배경에 있는 생각은 사전에 모든 직원과 공유하려고 했다.

결과뿐만 아니라 그 일을 시작하게 된 배경까지 모두 공유하도록 한 것이다. 그러자 내가 없어도 일이 돌아가고 관리자가 세세하게 관리할 필요도 없어졌다. 또한 결정 사항에 대한 경위와 배경을 일일이 설명하는 시간도 줄었다. 무엇보다 일에 몰두하는 담당자 개개인이 일의 내용을 이해하면서 진행하기 때문에 생산성이 크게 오르게 되었다.

아기가 태어났을 때, 나는 육아 휴직을 신청했다. 그리고 거의 직원들과 연락하지 않고 육아에만 전념했다. 이것은 내가 없어도 회사가 돌아가는 구조가 잘 구축된 덕분에 가능한 일이었다. 조직으로서 의사결정의 시스템을 갖추고, 생각을 공유하자 나도 안심하고 일에서 손을 놓을 수 있었다. 좀 더 오래 쉬어도 좋지 않았을까 생각할 정도였다.

개인이든 조직이든 의사결정의 횟수를 줄이는 시스템을 만들어두면 시간을 절약할 수 있고 고민하는 빈도도 확실히 줄어든

다. 결과적으로 일이 순조롭게 진행되는 데 일조하게 된다.

혼자 결정하는 것은
일의 생산성을 떨어뜨린다.

시간과 노력을
어디에 투입할 것인가

모든 일에는 효율화할 수 있는 부분과 할 수 없는 부분이 있다. 따라서 **무슨 일에 시간과 노력을 투입할지, 반대로 무슨 일에 시간과 노력을 아낄 것인지 구별하는 일은 매우 중요하다.**

프리는 클라우드 회계 소프트웨어라는 서비스로 시작해, 백오피스 업무의 효율화에 철저히 주력하고 있다. 그것이 우리의 강점이기도 하다. 앞으로는 백오피스에 관련된 모든 업무의 효율성에 중점을 두고, 중소기업과 개인 사업자를 지원하고 싶다.

이렇듯 회사의 비전과 미션이 분명하기 때문에 나 자신도 '효율이 가장 중요하다'고 생각하는 면이 있는 듯하다. 비효율적인 일이 싫어 모든 일을 '효율적으로 할 수 없을까' 고민한 적도 있다. 하지만 무슨 일이든 똑같이 취급해서는 안 된다.

예컨대 사람과 사람과의 커뮤니케이션을 효율화하기는 꽤 어

렵다. 인간관계에는 어느 정도의 시간 투자가 필요하다고 생각한다. 나름대로 시간도 돈도 들여야 한다는 것이다. 그렇게 하는 것이 합리적이기 때문이다. 게다가 일하기 좋은 인간관계를 구축해놓으면, 결과적으로 업무의 생산성도 오른다.

구글은 팀 빌딩(team building, 조직의 효율을 높이려는 조직개발 기법-옮긴이)에 많은 투자를 한다. 하지만 그것은 기업철학이라기보다는 그 편이 합리적이라고 판단해서 일을 마치고 직장 동료들과 갖는 식사자리도 모두가 참여하기 쉽게 공식 행사로 만들고, '스키 트립'이라는 팀 단위의 여행도 '팀 빌딩을 위해서'라는 분명한 목적을 갖고 진행했다.

인맥의 중요성을 아는 데 그치지 않고, 거기에 합리적으로 대처해 일하기 좋은 환경을 만들기 위한 방법까지 제대로 인식하고 있었던 셈이다. 이것은 어쩌면 단순히 동양과 서양의 문화적 차이나 인간관계에 대한 사고방식의 차이에서 기인하는 것인지도 모른다. 하지만 일하기 쉬운 환경을 생각한다면, 팀 빌딩에 대한 투자는 국가를 불문하고 합리적이고 중요한 것이라고 생각한다.

지금 프리의 직원은 350명이 넘는다. 매월 그 수가 늘어나고 있지만, 나는 거의 모든 사원을 기억하고 있다. 의도적으로 전

사원과 만날 수 있는 기회를 마련하고 있기 때문이다.

예를 들어 중간에 입사한 사람은 첫날 먼저 '자기소개 카드'를 만든다. 거기에는 그 사람이 전 직장에서 어떤 일을 했으며, 프리에서 무슨 일을 할 것인지, 어떤 목표가 있고, 취미나 좌우명은 무엇인지 등이 적혀 있다. 프로필 사진과 함께 그 사람을 잘 알 수 있게 자료를 만들어달라고 한 것이다.

프로필은 컴퓨터나 모바일에서도 볼 수 있으므로, 나를 포함한 프리의 구성원은 모두 이 카드를 평소에 자주 본다. 프로필은 그 사람에 대해 기억하기 쉽고 말을 걸기 쉽게 해주는 기능을 하고 있다.

기술 발전으로 지금은 편리한 디지털 툴이 풍부하다. 인간관계처럼 효율화할 수 없는 것 중에도 자기소개 카드처럼 일부를 효율화해서 생산성을 높이는 방법은 여러 가지로 궁리해볼 수 있다.

입사한 사원에게는 내가 직접 60분 연수를 실시한다. 그 시간에 미션이나 가치 기준 등 회사의 DNA가 되는 부분을 전달한다. 이 연수는 매월 실시하고 있다. 그리고 그 후 친목회도 열어 그 사람의 얼굴을 볼 기회를 적어도 세 번 만들어 누구나 기억하도록 노력한다.

그리고 일 년에 몇 차례 구성원 전원이 합숙이나 여행을 하는데, 이것도 팀 빌딩을 위한 투자의 일환이라고 생각한다. 사람과 사람이 가까워지면 업무의 생산성이 확실히 상승하기 때문이다.

효율화할 수 없는 것도 있다는 인식을 가지고 어떻게 하면 합리적으로 생산성을 올릴 수 있을까를 늘 기억하도록 애쓴다.

인간관계에는
시간 투자가 필요하다.

의사표현은
간결하고 솔직하게

'이렇게 행동하면 상대가 어떻게 생각할까?' '이렇게 말하면 상대가 어떻게 반응할까?'

지나치게 남의 시선을 신경 쓰다 보면 생산성이 크게 떨어진다. 물론, 누구나 어느 정도는 타인의 시선에 신경이 쓰인다. 그런데 **'남의 눈을 의식하다 보면 시간을 빼앗긴다'는 사실도 제대로 인식해둘 필요가 있다.**

남에게 잘 보이고 싶다는 마음이 너무 강하면 허세를 부리거나 망설이는 행동으로 이어진다. 그런 식으로 시간과 노력을 불필요하게 빼앗기는 것은 생산적이지 않을 뿐 아니라 정말 헛된 일인 것 같다.

일상적으로 접하는 이메일 답신도 마찬가지다. '이메일에 즉시 답장을 보내지 않으면 상대가 걱정할까' '이렇게 쓰면 상대가 어떻게 생각할까'를 신경 쓰기 시작하면 끝이 없다. 그것에 대해 생각하면 생각할수록 시간도 많이 걸린다.

　나는 이메일 답장을 쓰는 데 시간이 걸리지 않는다. 시간이나 글의 양보다 이메일을 쓸 때의 기분으로 항상 승부하고 있다. 거절하는 이메일을 쓸 때도 내용은 짧지만 쓰는 그 순간 몹시 미안한 마음으로 쓴다.

　잘 보이려는 허세를 초등학교 수업 참관에서 처음 느꼈다. 원래 형식적인 것을 싫어하는 성격 탓도 있지만, 본래의 목적을 넘어 그럴듯하게 꾸미는 수업 참관을 나는 정말 싫어했다. 수업 참관이 있는 날이면 학교에서는 평소에는 손대지 않는 곳까지 청소를 하고, 학부모들은 잘 차려입고 학교에 온다. 수업 참관의 목적은 평소의 수업 광경을 부모에게 보이기 위한 것임에도 불구하고 평소의 모습을 보여주지 않는 것에서 몹시 위화감을 느꼈다.

　지나치게 사양하거나 조심하는 것도 허세를 부리는 것만큼이나 아까운 시간을 허비하는 것이라고 생각한다. 직장을 다닐 때, 나는 나이 차이가 많은 상사에게도 거리끼지 않았다. 그 때문인지 나보다 나이가 많은 상사에게 유달리 귀여움을 받았던 기억이 있다. 상사라고 해서 특별히 잘 보이려고 하기보다는 내 의견을 거침없이 말하며 스스럼없이 대했다.

큰 회사에서는 나이 차가 많거나, 높은 직함에 있는 사람일수록 주위 사람으로부터 솔직한 의견을 들을 기회가 많지 않다. 보통 젊은 사람들이 상사에게 적극적으로 다가가지 않기 때문에 나 같은 태도를 보이는 사람이 드문 것인지도 모른다.

하지만 나는 원래 솔직하게 말하는 것을 좋아해서 그렇게 행동한 것일 뿐, 직함이 높은 사람들이 어떻게 생각할지는 그다지 염두에 두지 않았다. 그래서 거리낌 없이 나의 의견을 말할 수 있었다. 하지만 대부분은 자신의 입장을 신경 쓰느라 아무 말도 하지 못하는 경우가 많다.

아무 말도 하지 않은 것은 그 주제에 대해 생각하지 않기 때문이 아니라 심사숙고한 끝에 말하지 않는 것이 좋겠다고 결론을 내렸기 때문이다. 하지만 그것은 (시간을 들여) 깊이 생각한 결과 (조심하느라) 결국 말하지 않은 것이기 때문에 생산적이지 않고, 매우 아까운 일이기도 하다.

더구나 나의 경험에 따르면 실력 있는 사람일수록 솔직히 말해주는 사람에게 호감을 느낀다. 조금도 스스러워하지 않고 거리낌 없이 말하면 오히려 플러스가 되는 경우가 많다.

남의 눈을 의식하는 태도를 바꾸면 그것에 사용하던 시간이 줄어들어 새로운 시간을 낼 수 있다. 그렇게 해서 정말 하고 싶었던 일에 시간을 사용할 수 있게 되면 습득하는 데 시간이 걸리는 일에 전념할 수 있고, 새로운 일이나 어려운 일에 도전할 수도 있다. 그렇게 하면 성과도 크다.

남의 눈을 의식하는 태도에서 벗어나기 어렵다고 생각하는 사람도 있다. 하지만 그런 태도에서 벗어나지 못하면 필요 이상의 심리적 중압감 때문에 아무 일도 못하게 된다.

'남에게 잘 보이려고 너무 허세 부리지 말자' '남의 시선에 너무 신경 쓰지 말자'고 결심하면 말이나 행동도 단순하고 합리적으로 하게 된다. 그리하여 창조적인 일에 시간을 사용할 수 있게 되면 3개월간 더욱 즐겁게 몰입할 수 있을 것이다.

남의 시선을 신경 쓰는 데
들어가는 에너지를 줄이자.

그것은 정말
당연한 것일까

'우리가 당연하게 생각하고 하는 행동이 과연 서로에게 이익이 되는 것인가?' 이메일 쓰기나 미팅, 약속 등 평소 깊이 생각하지 않고 형식적으로 하는 일이 있다면 한번 점검해보는 것이 좋다. **무심코 하는 행동이 상대방의 소중한 시간을 빼앗을 수 있기 때문이다.**

일본 사람들은 직접 만나 인사를 해야 한다거나 만나서 설명해야 한다고 생각하는 경향이 아주 강하다. 그러나 생산성이 과제가 되고 있는 현대에는 이것이 정말 상대를 배려하는 태도인지 의문스럽다.

일본인 사업가가 실리콘밸리에 있는 해외 기업에 방문 약속을 잡아달라고 요구하면 피곤하고 불쾌하다는 반응을 종종 듣는다. 관광지 같은 느낌의 큰 기업이라면 방문자를 환영할지도 모른다. 하지만 작은 스타트업의 경우라면 시간적인 여유가 있는 것도 아니어서 서로 시간을 내서 인사하는 것의 의의를 찾기 어려울 수 있다.

만약 실리콘밸리의 기업에 시간을 내달라고 부탁해서 회사가 어떻게 운영되고 있는지 들어보고 싶다면 적어도 상대에게 도움이 될 만한 여행담 하나라도 준비할 필요가 있지 않을까. 순수하게 상대의 시간을 빼앗는 것이므로 하다못해 그것을 보충할 수 있는 수준의 화제를 상대에게 제공한다는 발상이 필요하다.

구글에서는 미팅에 참석하는 데 의미가 없다고 생각되면 아무렇지도 않게 참석을 취소했고, 회의 도중에도 자신이 참석할 필요가 없다고 생각하면 회의자리를 벗어날 수 있는 권리가 명문화되어 있었다. 세계 곳곳에서 모인 다양한 사람들은 '그렇게 허비할 시간이 있다면 더 부가가치가 높은 일에 시간을 쓸수 있게 해달라'는 의사 표시를 분명히 한다.

어떤 사람에게 물어보면 알 수 있을 것 같은 일도 실제로 물어보면 일일이 가르쳐주지 않는다. 보통은 인터넷 대화방에서 관련 문서 링크를 보내준다. '링크 문서를 읽어라. 읽으면 알 수있다'고 가르쳐주는 것이 고작이었다.

사람이 여러 번 설명하는 것보다 직접 읽는 것이 빠르고 효율적이라는 것이다. 그것에 익숙해지면 서로의 시간을 소중히 여긴다는 의미에서도 그런 방법이 정말 합리적이고 바람직하게 느껴진다.

암묵적인 룰이나 예의상 보내는 이메일도 한 번 점검해보는 것이 좋다. 인사 메일 한 통도 '나 자신과 상대의 시간을 절약하기 위해서'라는 생각으로 보내면, 의외로 생산성이 높아지는 결과로 이어질 수도 있다.

과거에 도움을 많이 받았지만, 한동안 만나지 못한 사람이 있었다. 어느 날 그가 화제에 오른 것을 계기로 근황도 알려줄 겸 이메일을 보낸 적이 있다. 만나서 이야기할 수도 있었지만, 만날 시간과 준비할 시간을 생각하면 나에게도 상대에게도 상당히 시간이 절약된다고 생각했기 때문에 이메일을 택한 것이다.

더구나 '오랜만의 인사'라며 보내면, 반드시 상대도 내용을 읽어줄 것이라고 생각했다. 그래서 지금 하는 일과 개인의 근황을 간결하게 작성하여 이메일로 보냈다.

그러자 상대로부터 회신이 왔을 뿐만 아니라 어떤 일을 함께 하자며 사업 제안도 해왔다. 그래서 그 일에 적합한 직원을 연결해주는 식으로 일이 순조롭게 진행되었다. 이것은 결국 서로

윈-윈하는 결과를 가져왔다. 정말 원활한 상호작용을 한 덕분이었다.

좋은 인간관계를 만들기 위해서는 어느 정도의 시간 투자가 필요하다. 하지만 형식에 사로잡힐 필요는 전혀 없다. **'그런 시간을 갖는 것은 서로에게 도움이 되는가' '서로의 시간을 빼앗는 것은 아닌가'** 하는 점을 염두에 두고 행동하면 자연히 생산성도 높아진다.

형식적이고 비효율적인 것은 과감히 생략하라.

이메일을 잘 쓰는 것도 능력이다

전하고 싶은 말을 알기 쉽고 간결하게 쓴다.

이 말은 너무 당연한 것 같지만 사실 사람에 따라 큰 차이가 나는 능력이다. 특히 이메일은 대부분 시간이 없는 상황에서 읽게 되는 만큼 상대가 끝까지 읽을 수 있게 써야 한다. 또한 내용이 오해 없이 전달되는 것은 물론 훑어보는 것만으로도 의미가 전달될 수 있도록 다양한 노력이 필요하다

구글은 이메일 쓰는 능력을 매우 중시한다. 엔지니어 특유의 문화로 질문을 해도 아무도 가르쳐주지 않고 대신 관련 기사 링크만 보내오는 환경이기 때문에 질문의 의도를 간단하면서도 알기 쉽게 쓸 수 있어야 한다.

게다가 일본, 샌프란시스코, 런던 등 물리적으로 떨어져 있는 사람들끼리 일을 하는 경우가 많아 알기 쉬운 표현으로 이메일을 쓰는 것은 상당히 중요한 능력이다.

구글에서도 명문장 샘플이 있었다. 그곳에 입사하면 무엇보다 먼저 읽어야 할 링크가 전달되었는데, 그 안에 이메일이나 메모 등의 모범 사례가 소개되어 있었다. 그것으로 보아 구글이라는 회사에서는 이메일 쓰는 능력을 중요한 기술로 여긴다는 것을 잘 알 수 있었다.

 '상대방이 이 문장을 이해할 수 있을까?' '이것을 읽고 행동으로 옮겨줄까?' 그런 것까지 감안해서 이메일을 쓰는 사람은 아마 의사소통 능력도 매우 뛰어난 사람일 것이다. 그런 사람이 쓴 이메일은 신문처럼 제목만 읽고도 내용을 금방 알 수 있거나 처음 몇 줄만 읽어도 금세 취지를 파악할 수 있는 것이 특징이다.

 이메일 제목으로 말하자면, '반드시 해주십시오'라고 쓰여 있으면 이메일을 열지 않을 수 없다. '당신이 이 일을 해줬으면 좋겠다' '빨리 읽을 필요가 있다' '확인하면 알려주기 바란다'와 같이 상대방의 요청이 모두 제목에 적혀 있는 이메일은 열어볼 확률이 높다.

 이외에도 유난히 눈에 띄는 성과가 그대로 제목에 드러난 이메일도 좋다. 제목만으로도 그 결과를 알 수 있고, 그 이메일을 읽은 사람들에게 인정받음과 동시에 축하도 받을 수 있다. 점점 이메일 수신함에서 아래로 밀리는 일 없이 볼 필요가 없는 것이라도 궁금해 결국 열어보게 된다.

다음은 내가 무심코 열어본 이메일 제목들이다.

- [확인 요청] 신고 프리freee의 연말 정산 / 법정 조사 기능을 법인에게 개방하고 싶습니다.
- ○○ 주식회사에 방문했다 큰일날 뻔한 사례
- 성이 바뀝니다.
- 프리freee에 들어온 피드백 5선
- ×× 기능을 사용하다 화가 난 사람은 의견을 게시해주세요.
- 현 제품 전략이 불안한 당신에게

위의 제목은 이메일의 요지를 알 수 있거나 내용을 읽어보고 싶어지는 것들이다. 일반적으로 흔히 쓰는 상투적인 제목의 이메일이라면 구글이나 프리에서는 읽히기를 기대하기 어렵다. 물론 이메일을 열어보았다 해도 무슨 내용인지 결론을 잘 모르겠거나 끝까지 읽었는데, '예산이 잡히지 않았습니다'처럼 안타까운 결말밖에 없는 메일은 말할 것도 없다. 애초에 사람들이 끝까지 읽지 않을 가능성이 높고, 주위의 신뢰도 잃을 수 있다.

이메일은 일상생활에서 매일 사용하는 만큼 글을 잘 쓰는지 여부는 그다지 문제되지 않을 수도 있다. 그러나 **읽으면 단번에 내용을 파악할 수 있는 간결한 문장은 매우 강력한 무기가 된다.** 많은 사람들에게 영향력을 발휘하고 싶다면, 메일의 힘을 무시하면 안 된다.

> 한눈에 들어오는 간결한 문장은
> 강력한 무기가 된다.

이메일 확인에
시간을 낭비하지 마라

내 이메일함에는 하루에 1000통 이상의 이메일이 도착한다.

이 이메일을 어떻게 처리하느냐에 따라 하루의 생산성이 크게 좌우된다. 솔직히 모든 이메일을 다 열어 읽을 수는 없다. 게다가 읽어야 할 이메일을 추린다 해도 그것을 한 통씩 열어 읽다가는 그날 해야 할 업무를 못하거나 자칫하면 일정이 늦어질 수도 있다.

따라서 이메일을 잘 구별하여 효율적으로 읽기 위해서는 나름대로의 원칙을 궁리할 필요가 있다.

읽어야 할 만한 것은 이메일의 필터 기능을 이용하거나 제목으로 판단해 하루에 대략 100건 정도로 줄인다. 읽어야 할 것으로 판단되는 이메일이라고 해서 그날 모두 열어보는 것은 아니다. 그 중에서 '즉시 읽어봐야 할 것' '빨리 읽고 답장해야 할 것'만을 골라 수신함에 남겨둔다. 그리고 즉시 읽을 필요가 없는 나머지 이메일은 '나중에 읽을 것'으로 분류해 수신한 당일에는 열어보지 않는다.

그러기 위해서는 먼저 1000통의 이메일 제목만 한꺼번에 대충 확인한다. 내 경우 신칸센 전광판에 흐르는 뉴스 타이틀을 보듯이 이메일 제목을 훑어보기 때문에 1000통이라고 해도 그리 많은 시간이 걸리는 일은 아니다.

제목만 읽어도 어떤 일이 일어나고 있는지 결론을 알 수 있는 것이 많아서 그 과정에서 '열어보지 않을 것'과 '상세히 보지 않아도 되는 것'으로 판단되는 것은 거침없이 삭제한다.

이메일 제목을 확인하다 보면 더 자세히 알고 싶은 것도 있다. 아무래도 신경이 쓰이는 경우는 그 자리에서 열어 읽어보기도 한다. 하지만 마음 가는 대로 마냥 열어 읽다가는 다음 일정이 지연될 수 있으므로 가급적 분류하는 데 신경을 집중하는 편이다.

필터 기능을 충분히 활용하여 그날 일과 관계가 없다고 판단되는 이메일은 수신함이 아닌 다른 함에 미리 자동으로 분류되도록 하고 있다. 예를 들면 나 개인에게가 아닌 내가 멤버로 있는 그룹에게 보내진 이메일도 많다. 그룹에 따라서는 이제 거의 나와 관계없는 내용의 이메일도 있고, 참고 정보로 보내오는 것도 적지 않다. 따라서 그런 정보는 전용함에 따로 분류해 둔다.

각 그룹별 중요도를 알고 있으므로 그 함에 있는 이메일은 제목을 보고, 읽어야 할지 읽을 필요가 없는지 즉시 판단할 수 있다. 이렇게 하면 더욱 빨리 이메일을 분류할 수 있다. 열어볼 필요가 없는 것을 삭제하고 '나중에 읽을 것'을 모두 보관하다 보면 수신함에는 저절로 '즉시 읽어봐야 할 것'과 '빨리 읽고 답장해야 할 것'만 남게 된다. 즉, 받은 메일함에 남은 이메일 자체가 읽어야 할 리스트To Do List가 되는 것이다.

거기까지 하면, 나머지는 목록에 따라 해야 할 것을 정리하기만 하면 된다. 나는 대체로 이메일 분류작업을 출근한 후 30분간 처리한다. 그리고 나중에 읽을 것은 일요일 밤에 한두 시간 정도 확보하여 일주일분을 한꺼번에 열어본다. 이것은 구글에 근무할 당시부터 몸에 배인 습관이다.

주말 시간을 확보해두면 평일에는 이메일 읽는 데 걸리는 시간을 최소한으로 줄일 수 있기 때문이다. 아이가 태어나 육아휴직을 낸 후에는 평일과 주말을 더 유연하게 이용하고 있다. 최근에는 이메일을 확인하기 위해 확보한 주말 시간이 더욱 짧아졌다.

이메일은 매일 확인해야 하는 것이므로 효율적인 원칙을 세워

놓으면 평소에 하고 싶었던 일이나 창조적인 일에 투자할 시간
을 벌 수 있다.

그날 해야 할 일에
집중하는 구조를 만든다.

생산성 높은 일과 아닌 일을 적절히 배분하라

'하고 싶은 일은 많은데, 시간이 부족하다. 게다가 눈앞의 사무적인 작업이 좀처럼 끝나지 않아 자신이 정말 하고 싶은 일을 할 수가 없다.' 그렇게 느끼는 사람은 **사무적인 작업이 가져다주는 충실감의 착각에 빠져 있을 가능성이 있다.**

학교 다닐 때 학원에서 아르바이트를 한 적이 있다. 그때 오로지 채점만 하면 되는 시간이 너무 기분 좋았다. 그러나 당시에는 그 이유를 몰랐다. 그 후 인턴으로 데이터 분석 작업을 하면서 그 이유를 깨달았다. 인턴으로 근무하던 현장에서는 다양한 일들의 자동화를 추진하는 한편으로, 수작업으로 해야 하는 판에 박힌 지루한 일도 여전히 많았다. 그런 일을 하면서 누군가가 "단지 그래프를 만들거나 숫자를 확인하는 간단한 작업인데도 일을 하고 나면 기분 좋지 않아?"라고 말했다.

나는 순간 그 말이 무슨 의미인지 몰랐다. 하지만 곰곰이 생각해보니 단순하고 사무적인 작업을 하면 기분이 좋을 수도 있다는 점에 납득이 갔다. 그런 작업에 2시간 정도 아무 생각 없이 몰두하다 보면 "우와, 이렇게 많이 했네!"라고 놀랄 때가 있다. 일이 진척되는 모습을 눈으로 확인할 수 있는 것이다. 아무 생각 없이 작업해도 성과가 나오니까 이런 일을 할 때 기분이 좋은 것이 아닐까.

엑셀 표의 형식을 정리하는 단순한 일이든, 그래프를 만드는 일이든, 설문의 자유로운 답변을 읽고 그것을 분류하는 일이든 일을 처리하는 사이에 눈에 띄게 정돈과 정비가 이루어지기 때문에 기분이 좋은 것이다. 이메일도 분류하다 보면 수신함에서 자꾸 이메일이 줄어드는 것이 보이고 그러다 보면 나도 모르게 기분이 좋아진다.

사무적인 작업 자체는 별로 창의적이지 않고 생산성도 높지 않지만 왠지 성취감이 있어서 일하면서 기분이 좋다. 그래서인지 순식간에 시간이 지나버린 듯 느껴진다.

이것은 대수롭지 않은 일이지만, 나에게는 큰 발견이었다. 사무적인 작업처럼 머리를 쓰지 않아도 일이 척척 진행되는 것이 기분 좋은 일이라는 것을 알고 나서는 일을 대하는 방식이 바뀌었다.

끙끙거리면서 기획을 하기보다 가벼운 마음으로 영수증을 등록하고 경비를 정산하다 보면 그 시간만큼은 기분이 좋다. 하지만 새로운 가치를 창출해낼 기획을 하는 편이 생산성은 분명 높다. 따라서 **사무적인 작업은 열심히 한다는 느낌이 드는 데 비해 생산성은 낮다고 확실하게 인식해둘 필요가 있다.** 자기도 모르게 시간을 써버리기 때문이다.

물론 즉시 답장을 해주어야 하는 이메일도 있어서 사무적인 작업을 완전히 피하기는 어렵다. 게다가 그런 작업이 기분을 새롭게 하는 데 효과적일 수도 있다. 하지만 정말 하고 싶은 일을 하는 데 도움이 되지 않는 시간이라면 의식적으로 줄여야 한다. 의식하지 않으면 쓸데없는 일에 시간을 써버리는 결과가 나올 수 있다.

내가 일요일 밤에 일주일분의 이메일을 한꺼번에 확인하는 시간을 마련해두고, 평일에는 즉시 해야 하는 일에 집중하는 것도 그런 이유에서다. **어떤 일이든 이것저것 뒤섞어 동시에 진행하는 것이 아니라, 생산성이 높은 일과 그렇지 않은 작업을 제대로 이해하고 어떻게 시간을 배분해 써야 할지 궁리할 필요가 있다**는 얘기다.

사무적인 작업은 가급적 모아서 한꺼번에 효율적으로 처리

해야 시간이 낭비되지 않는다. 눈앞의 일에 쫓겨 늘 시간이 부족하다고 생각하는 사람일수록 사무적인 작업에 들이는 시간을 더 철저하게 관리해보는 것은 어떨까. 그러면 정말 하고 싶은 일에 시간을 할애할 수 있는 실마리가 보인다.

열심히 일한 것 같은
충실감의 착각에 빠지지 않는다.

때로는 단념할 줄도
알아야 한다

재미가 없으면 계속하기 어렵고, 계속하지 않으면 성과가 나오지 않는다.

업무의 주제를 설정하는 것도 중요하지만 실제로 일에 전념해보고 자신이 즐기고 있는지 그렇지 않은지 확인하는 것도 중요하다. 특히 최종 목표가 상당히 멀리 있는 경우 3개월간 전념해보았지만, 전혀 재미를 찾을 수 없고 즐길 수도 없었다면 그 주제가 가망 없는 것으로 보고 단념할 필요도 있다.

내가 광고 대행사를 그만두고 전직한 이유도 거기에 있다. 나는 광고 대행사의 주요 업무인 광고 제작과 관련된 일에 별 흥미를 느끼지 못했다. 광고 대행사에 근무할 때 내가 가장 즐겁게 했던 일은 '매장에 어느 정도 투자하면 어느 정도의 수익이 돌아올까' 하는 투자 대비 수익 가능성을 철저하게 정량적으로 검증해보는 일이었다. 그것은 일종의 '마케팅 투자'로서 광고 이외의 부문에 투자하는 효과에 대해 철저하게 분석하는 프로젝트였다. 어떤 의미에서는 '광고'라는 자신들의 비즈니스 모델을 부정하는 내용이기도 했다.

한편 정작 광고 제작 관련 업무에는 그다지 흥미를 갖기 어려웠다. 광고 대행사에서 일하는 사람들은 대부분 광고를 좋아한다. 크리에이터가 아니어도 다들 "이런 아이디어는 어떨까" "그 광고는 이렇게 하면 더 좋을 텐데" "이런 카피는 어떨까" 등 광고 제작에 대해 강한 자기 의견을 갖고 있으며, 그것을 논의하는 것 자체를 즐긴다.

광고 제작 현장에서는 광고 표현 하나를 기획하는 데도 매우 긴 시간을 들여 논의한다. 입사 1년차 무렵, 기획회의에서 어느 배우가 이번 CM에 적합한지 논의하고 있었다. 나는 딱히 의견이 없었지만 각자 의견이 엇갈리자 회의 참가자 전원이 차례로 어느 쪽이 좋은지 자기 의견을 제시하게 되었다. 이때 나는 정말로 난처했다. 사실 나는 어느 쪽이라도 좋다고 생각했기 때문이다. 주위에 나처럼 냉담한 사람은 단 한 명도 없었다.

"좋아하는 일은 잘하기 마련이다"라는 말이 있듯이 광고를 즐기는 사람은 역시 스토리도 잘 끌어내고 동기부여도 잘하며 미묘한 차이도 민감하게 감지하기 때문에, 결과적으로 일을 잘

한다. 광고 대행사에서 받은 신입사원 연수는 지금도 강력한 기억으로 남아 있다. 특히 인상 깊었던 것은 카피라이팅 훈련이었다.

일주일간 어느 한 상품에 대한 카피만 계속 생각했다. 어쨌든 많은 카피를 만드는 것이 미션이었기 때문이다. 나에게는 당연히 매우 고통스러운 훈련이었지만, 그 자체는 지금도 도움이 되고 있다. 아이디어를 많이 내놓는 것이 능력이라는 것을 알게 된 것이다. 많은 아이디어를 내놓는 것이 몸에 배어 익숙해지자 광고만이 아니라 모든 것을 기획하는 데도 도움이 되었다.

여기에 광고를 즐기는 재능까지 겹치면 좋은 결과물을 낼 수 있게 되는 것이다. 그러나 나의 경우는 '중소기업을 단단하게 키운다'거나 '어려운 것, 귀찮은 일, 싫은 일로부터 해방되려면 어떻게 하는 것이 좋을까'를 생각하는 것이 더 즐거웠다. 이런 분야라면 아이디어를 내는 일도 고통스럽지 않았다.

따라서 만약 **자신이 열중하는 주제가 즐겁지 못하다면, 그 주제는 단념하고 자신이 즐길 수 있는 일(즉, 자신의 재능을 발휘할 수 있는 일)을 찾는 것이 좋다고 생각한다.** 지금까지 익힌 기술은 다른 분야에서도 살릴 수 있다.

나는 창업했을 때도 단념하는 경우를 염두에 두었다. 아예 처음부터 1년 6개월 정도 해보고 아무런 가능성이 보이지 않으면 단념하고 그만두자고 창업 멤버들에게 말했다. 그러나 프리라는 클라우드 회계 소프트웨어를 세상에 내보내는 주제에 흥미를 느끼고 그 일만 생각하면 가슴이 설렐 정도로 빠져 있었기 때문에 얼마 동안 성과가 나오지 않아도 즐겁게 계속할 자신이 있었다. 그 덕분에 망설이지 않고 앞으로 나아갔다. 그렇게 즐겁게 개발에 박차를 가한 결과, 지금까지 꾸준히 그 일을 하고 있는 것이라고 생각한다.

재능이란 즐기면서 계속할 수 있는 것을 말한다. 즐길 수 있는 대상은 사람마다 다르다. 목표에 맞춰 진행할까, 단념하고 그만둘까 고민될 때 '일이 즐거운가' 하는 것은 하나의 판단 기준이 된다.

일을 지속하는 기준은
즐길 수 있는가의 여부로 결정된다.

제5장

효율을 높여라

해야 할 일과
하지 말아야 할 일

3개월
사용법이
인생을 바꾼다

중요한 일은
동시에 진행하지 않는다

프로젝트는 동시에 병행하는 것을 가급적 피한다.

이것은 프로젝트를 확실하게 추진하기 위한 핵심이다. 특히 3개월 만에 어떤 성과를 내려면 매일 그 나름의 시간을 쏟아야 한다. 고도의 사고력이 필요한 일이나 새로운 가치를 창출하는 경우는 더욱 그렇다.

따라서 가급적 동시에 여러 개를 진행하지 않고, 하나의 주제에 집중해 효과적으로 시간을 사용하는 것이 중요하다. 하나에 집중하지 않으면 실효성을 거두는 데 한계가 있다.

일을 할 때도 여러 주제를 병행하여 진행하려고 하면 서로의 프로젝트를 핑계로 어떤 것도 제대로 진행하지 못할 가능성이 높다. 3개의 프로젝트가 있다면 "A를 하자, 아니 상황이 안 좋으니까 B를 하자. 하지만 역시 C를 먼저 해야겠네"라는 식이다. 이렇게 되면 어느 것에도 집중하지 못하고 시간만 허비하게 될 수도 있다. 그러고는 프로젝트를 완성하지 못한 변명을 만든다. 그만큼 인간은 본래 게으르다는 것을 마음에 새겨두는 것이 좋다.

만약 몇 가지 주제를 병행할 수밖에 없다면, 먼저 "A가 바빴기 때문에 B에 손댈 수 없었다"라고 말하게 되는 상황을 만들지 말아야 한다. 세세하게 계획을 세우든, 어디까지 작업이 진행되었는지 확인하기 위해 마일스톤(milestone, 단계별 목표 달성 관리)을 점검하든 '지금 해야 할 일'에 집중해야 한다.

나도 가급적 '한 가지를 마무리하고, 또 다른 일을 시작하는 방식'을 취하려고 한다. 이것은 하루의 시간을 사용할 때도 마찬가지다. 예컨대 30분에 한 번 이메일을 확인하고 업무로 돌아가는 것은 집중력이 끊겨 효율이 떨어지므로 그렇게 하지 않는다.

일정은 세분화하지 않고 하나의 일에 집중하기 위해 한 시간이나 두 시간 단위로 시간을 확보한다. 그리고 그 시간에는 하기로 결정한 일을 가능한 한 계속한다. **생산성을 높이기 위해서는 한 번 정한 시간을 가급적 지키는 것이 중요하다.** 그리고 일의 내용에 따라 다르기는 하지만 기본적으로는 풀타임으로 그일에 몰입하는 것이 훨씬 효과적이다. 시간이 날 때마다 틈틈이 하면 이도 저도 안 되기 때문이다.

어떤 한 가지 주제를 3개월간 즐기고 전념하면서 계속할 수 있는지 확인하는 데는 일주일 중 절반 이상의 시간을 그 일에 쓰고 있는지가 하나의 기준이 된다. 지금까지의 경험에 따르면 3개월 전념할 때 일주일에 15시간 이상 해보지 않으면 계속할지 말지 판단하는 검증 작업이 이루어지지 않았다.

만일 나름대로의 각오로 전념하겠다고 결정한 주제인데도, 일주일 중 절반 이상의 시간을 들이지 않거나 들이려고 하지 않는다면 그 주제의 우선순위가 이미 뒤로 밀렸음을 자각하는 것이 좋다. 어중간하게 몰두하면, 잘될 때는 물론이고 잘못됐을 때 검증 자료가 되지 못한다.

새로운 가치를 찾거나 일류로 불리는 기술을 습득하기 위해 3개월간 전념해야 하는 경우라면 더욱 그렇다. 그런 경우 어느 날은 했다가 어느 날은 못 했다가 하는 식이 되어서는 안 된다. 습관을 들이겠다는 각오로 거의 매일 전념할 필요가 있다.

물론 예외는 있지만, 그것을 말하기 시작하면 끝이 없다. 그래서 가급적 예외를 두지 않도록 일정한 속도를 유지하는 것이 중요하다.

클라우드 회계 소프트웨어 프리 아이디어를 구체화한 3개월도 구글에서 일하면서 출근 전과 퇴근 후 시간을 활용하여 대개 하루 8시간 정도는 그 일에 쏟았다. 창업하고 나서는 (고민하던 시기를 제외하고) 외부와 접촉을 끊고 하루에 15시간 정도 프로그래밍에 몰두하는 생활을 9개월(3개월×3) 동안 계속했다.

어떤 프로젝트를 반드시 해내겠다고 단단히 마음먹었다면, 우선 충분한 시간을 확보하여 한 가지에 집중해야 한다.

시간이 날 때마다 틈틈이 일하면 업무 효율이 떨어진다.

한번 결정된 일정은
미루지 않는다

일단 결정되면 그 계획의 실행을 늦춰서는 안 된다.

나는 평소에 이 말을 꼭 지키려고 노력한다. 학교나 회사는 누군가가 마감을 설정해 관리해주지만, 아무도 관리해주지 않는 상황이라면 스스로 일정을 더욱 잘 챙겨야 한다. 그렇지 않으면 얼마든지 일정이 늦춰질 수 있기 때문이다.

하지만 기분이 별로 내키지 않을 때도 있다. 그런 경우는 어떻게 할 것인가? 나는 **'하지 않으면 남들에게 피해를 주는 상황'을 만들어 그렇게 되지 않게 함으로써 계획을 지켰다.**

예컨대 '만약 일정을 못 맞추면, 뭔가 다른 예정을 취소해야 하는 상황'을 만들어 스스로에게 압박을 가했다. 그렇게 해서라도 가급적 예정대로 해내려고 노력했다.

압박에도 여러 가지가 있지만, '남에게 피해를 주지 않는 상황'을 만드는 것이 나에게는 가장 효력이 있었다. 특히 구속력이 별로 강하지 않은 주제와 용건의 경우에는 일정에 늦어도 누구에게 피해를 주는 일도 없고 남에게 혼나는 일도 없다. 다른 사람을 끌어들이지 않은 만큼, 자신과 관련된 일은 대충 넘어가버리기 십상이다.

그래서 그 일정에 늦어지면 결과적으로 누군가에게 피해를 줄 수밖에 없다는 압박감을 느끼도록 계획을 짠다. 그리고 완충 시간은 굳이 만들지 않는다. 만약 완충 시간을 일정에 짜넣으면 언젠가 그 시간을 반드시 사용하여 일정을 소화하게 되는 경우가 많다.

프리에서는 나를 비롯해 멤버 전원의 캘린더가 사내에 공개된다. 즉, 사원이면 누구나 자유롭게 모든 사원의 일정을 볼 수 있는 것이다. 그런 식으로 자신의 일정을 공개하는 것은 주위 사람들을 상대로 한 일종의 '선언'에 가깝다. 이것 역시 일정을 늦출 수 없는 일종의 압박으로 작용한다.

일에 몰두할 때는 적극적으로 수행하는 분위기를 조성하는 것도 중요하다. 내 경우 창업한 직후에는, 매일 동료와 내 방에 모여 클라우드 회계 소프트웨어 개발에 열중했다. 아침에 모여 오늘은 무엇을 하고, 어디까지 진행하자고 모두의 의견을 모아 일을 추진하면 모두 필사적으로 그 일에 매달리기 때문에 자신도 그것에 맞추려고 애쓰게 된다. 게다가 만약 누군가가 계획한 시간보다 늦어지면 뒤에서 밀어주는 분위기가 자연스럽게 형성된다.

이것 역시 자신이 늦으면 남에게 피해를 준다는 압박으로 적절히 작용한 결과라고 생각한다. 만약 그때, 제각기 따로 집에서 작업했더라면 모두 중간에 마음이 느슨해졌을지도 모른다.

일정에 늦지 않고, 남에게 피해를 주지 않는다는 의미는 나자신이 다른 사람을 좌지우지하지 않도록 한다는 의미이기도하다. 예를 들면 회사의 조직이 성장함에 따라 내가 생각나는 대로 말해버리면 영향을 미치는 범위가 모든 사람에게로 확대된다. 모든 사람의 일정을 빗나가게 할 수도 있다. 따라서 미팅 중에 뭔가 하고 싶은 말이 있어도 그 자리에서 바로 말하지 않는 경우가 많다. 그때는 일단 마음속에 넣어두거나 메모지에 적어둔다.

또한 일을 예정보다 늦어지게 만들 수 있는 요소 중에 SNS가 있다. SNS에 빠지지 않도록 의식적으로 접속하지 않는 시간을 설정해, 정해진 시간 이상으로는 보지 않으려 하고 있다. SNS는 대체로 하루에 2, 3회, 시간은 10~20분 정도 보는 것으로 정해 놓았다.

주위 사람이나 친구에게 무슨 일이 일어나고 있는지 궁금해서 SNS를 보는 것 자체가 특별히 나쁘다고는 생각하지 않는다. 다만 SNS를 보는 빈도와 시간이 늘어나면 다음에 해야 할 것을 잊거나 지금까지 생각한 것이 날아가기 때문에 자신의 페이스도 무너질 수 있다. 특히 깊이 생각해야 할 일이 있을 때는 주의가 필요해서 가능한 한 SNS를 멀리 하려고 한다.

자신에게 압박을 가해 일정에 늦지 않을 뿐 아니라 즐기면서 몰두하는 것도 중요하다. **기본적으로 자신이 짠 계획은 능동적인 요소가 있어서, 그것을 척척 해내가는 느낌이 좋다.** 일정을 소화해내 기분 좋다는 느낌이 자연스러워지면 정말 하고 싶은 일을 위해 시간을 컨트롤하는 일도 즐거워질 것이다.

SNS에 접속하는 시간은 정해둔다.

오래 달리기를 하듯이
페이스를 잃지 말 것

무리 없이 일정하게 일할 수 있는 작업 속도를 계산해본다.

구글에서 일하면서 클라우드 회계 소프트웨어 프리의 아이디어를 구체화하기 위해 몰두한 3개월은 내게 마냥 즐거운 시간이었다. 밤 1시까지 일하고 아침 6시에 일어나는 고된 생활이었지만, 아침에도 거뜬히 일어났다. 구글에서 하루 일과가 끝나는 6시 이후만 되면 열중할 일이 있다는 즐거움에 가슴이 설렜다.

한 가지에 열중하다 보면 자는 시간이 아깝게 느껴지기도 한다. 나 역시 클라우드 회계 소프트웨어를 어떻게든 구체적인 형태로 만들려고 열중하면서 밤 1시가 넘어도 그만두지 못하고 계속하고 싶은 날들이 많았다. 가슴이 설레면 어느새 그 일에 빠져들어 너무 무리하기 십상이다. 하지만 그 상태에서 더 무리하거나 철야로 이어지는 것은 굉장히 위험하다.

일에 빠져 휴식을 소홀히 하면 피곤이 누적되어 자신의 페이스를 잃어버리게 되므로 의식적으로라도 쉬는 시간을 갖는 등 체력관리를 해야 한다. 며칠이나 일주일 정도라면 무리해도 될지 모르지만, 안정된 생활 리듬을 잃으면 심신의 균형이 깨져 장기적으로 일을 계속하기 어렵다.

중요한 것은 무리하지 않고 자기 페이스를 잃지 않는 것이다. 일정 기간 일에 몰두한다면 무리하거나 불규칙한 생활이 되지 않도록 해야 한다. 프리를 개발할 때도 나는 오히려 잘 자고 내 페이스를 지키려고 노력했다.

3개월로 어느 정도 성과를 내기 위해서는 나름대로 정해진 시간에 집중하는 것이 필수적이다. 단, 3개월은 길지도 짧지도 않은 시간 단위인 만큼 무리 없는 속도로 일을 진행하도록 일정을 배분할 필요가 있다. 이를 위해서는 균형을 깨뜨리지 않고 꾸준히 작업을 진행할 수 있게 계획을 세워야 한다.

여유 있게 일정을 짜는 것이 그 방법 중 하나다. 자신의 일정으로 해낼 수 없는 것은 넣지 않도록 한다. 즉, 일정에 포함된 것 이상을 할 수 있다고 판단해서는 안 된다는 얘기다. 무리하게 계획을 세우는 것은 이른바 용량 초과를 불러와 자기 페이스를 잃기 쉽다.

그렇게 되면 모처럼 즐겁게 몰두하던 일도 시간에 쫓겨 심리적으로 큰 부담이 돼버린다. 일정 때문에 스트레스를 받으면 남에게 피해를 줄 수도 있다. 모처럼 하고 싶었던 일을 하는데, 긴장감이 감돌면 본말이 전도돼버릴 수 있다. 몸으로 느끼는 중압감은 물론, 정신적인 부담감을 지나치게 느끼지 않기 위해서도 일정한 페이스를 지키는 것이 중요하다.

일정한 페이스를 지키는 일은 오래 달리기와 비슷한지도 모른다. 나는 일주일에 한 번 건강을 위해서라기보다는 정신적인 단련을 위해 명상하는 의미로 달리기를 꾸준히 하고 있다. 달리면서 머릿속의 고민과 갈등을 다시 떠올려보면 다른 각도에서 새롭게 접근하게 되고 복잡한 생각이 간단하게 정리되기 때문이다.

한 번 달리는 거리는 대략 2~5킬로미터지만, 달릴 때도 일정한 페이스를 잃지 않도록 노력한다. 심장박동수가 180에서 자신의 나이를 뺀 수를 초과하지 않도록 하는 것이 포인트다. 심장박동수를 전용 디지털 기기로 측정하면서 달리지만, 그리 쉬운 일은 아니다. 조금만 달려도 기준 심장박동수가 넘어버리기 때문이다.

천천히, 그러면서도 무리 없는 페이스를 의식하고 달리면 '달리는 것이 이렇게 기분 좋은 거구나' 하고 마음속으로 실감할 수 있다. 그리고 실제로 오랜 시간 계속 달릴 수 있다.

3개월간 가슴 설레면서 뭔가에 몰두할 때의 마음가짐도 이와 마찬가지다. '밤 1시까지 하면 반드시 다음날 아침 6시까지는 쉰다'는 식으로 **페이스 조절을 확실하게 하고, 어느 정도 이상의 페이스를 넘지 않도록 한다.** 그것이 3개월 동안 하나의 주제에 몰두하기 위한 집중력과 계속할 수 있는 힘으로 이어진다.

지속가능한 일을 하기 위해서는
스스로 페이스를 조절한다.

'하지 않을 일'을
정한다

해야 할 일보다 하지 말아야 할 일을 먼저 정한다.

향후 3개월의 행동 중에서 우선순위를 매길 때 하지 말아야 할 일을 정하는 것도 중요하다. '이번 3개월 동안에는 하지 않는다' '이 분야에는 손을 대지 않는다' '이런 미팅에는 나가지 않는다' '이런 일은 자신이 하지 않고 남에게 부탁한다'라는 식으로 먼저 하지 말아야 할 일을 정하는 것이다.

하지 말아야 할 일의 존재는 특히 창업하고 나서 인식하게 되었다. 인턴 시절이나 직장에 다닐 때는 내 역할이나 임무가 한정되어 있었다. 그러나 회사를 경영하게 되자 360도 전방위로 모든 것을 결정해야 했다. 극단적으로 말하면 무엇이든 시간을 들여야 했다.

따라서 어디에 중점을 둘지 우선순위를 정하지 않으면 하루 24시간으로 한정된 시간을 훌쩍 초과해버려 매사가 전혀 진행되지 않았다.

그때 내가 해야 할 일과 하지 말아야 할 일의 명확한 기준이 필요하는 것을 깨달았다. **하지 말아야 할 일을 기준으로 걸러내면 '지금 하지 않아도 되는 일'이 상당히 떨어져나간다. 그러면 바로 해야 할 일, 반드시 해야 할 일이 저절로 드러나므로 우선도 높은 일을 스케줄에 넣으면 된다.**

이메일 확인이나 답장 쓰기, 중요한 미팅 참석 등 판에 박힌 일상적인 일은 할 일에 일부러 넣지 않는다. 수면 시간과 같은 위치에 놓고 일의 진행 상황을 보면서 먼저 일정을 잡는 것이 중요하다.

시간에 쫓겨 여유를 잃지 않기 위해서라도 **'반드시 할 일'을 최대한 줄이는 것이 포인트다.** 그런 다음에는 3개월 동안 전념하려고 정한 주제에 따라 우선순위가 높은 일을 비어 있는 시간에 할당한다.

'팀의 신뢰관계 구축'이 가장 우선순위가 높은 주제일 때는 그 팀의 멤버 한 사람 한 사람과의 식사 계획을 일주일에 한 번씩 넣기도 한다. 혹은 새로운 서비스 개발에 회사 전체 차원에서 투자를 하는 경우, 예상되는 사용자를 만나거나 과제를 듣는 시간을 정기적으로 일정에 넣는다. 3개월 동안 계속 하나의 일만 지속하는 것이 아니라 주제에 따라서 그때그때 유연하게

'반드시 할 일'을 정한다.

프리에서는 나 개인뿐만 아니라 회사 자체적으로 **3개월의 시간을 어떤 우선순위로 사용할 것인지를 OKR에 따라 관리하고 있다.**

OKR이란 Objectives(목적이나 큰 목표)를 설정하고, 그 일이 얼마나 진척되고 있는지 판단할 수 있도록 가급적 정량적으로 표시된 Key Results(결과지표)를 가지고 목표 달성을 위해 매사를 진행해가는 관리 방법이다. 가령 Objectives가 '세상에 도움이 되는 책을 출간'하는 것이라면 Key Results는 '○월까지 30쪽 분량의 글을 써서 주변 사람에게 보여주고, 적어도 60%의 사람에게 참고가 될 만한 내용으로 다듬는다'라고 설정해서 그 달성을 위해 노력한다.

1~3월, 4~6월 식으로 분기마다 목표 및 핵심 결과지표를 설정하고 우선순위를 정한다. 각 업무의 진척에 따라 3개월마다 프로젝트나 팀이 바뀌는 일도 있다.

보통은 전체 회사 차원의 OKR과 그에 연결되는 부서별 OKR, 거기에 연결되는 개인의 OKR이 설정된다. 개인의 OKR이 전체 회사에 어떤 의미가 있는지 명확히 알 수 있으므로 특히 팀에서 큰 프로젝트를 달성하려고 할 때 효과적인 방법이다.

　자신의 역할을 자각하고 OKR을 의식하면서 주체적으로 행동하는 일상을 하루하루 쌓아가는 것이 3개월 후에 목표를 달성할 수 있을지 여부를 판가름한다.

　이것이 잘되게 하려면 **하지 말아야 할 일을 정하고 해야 할 일을 단순화하는 것이 중요하다.** 그러면 행동에 망설임이 없어진다. 망설이지 않으면 생산성이 올라가고 무엇보다 기분에 적당히 여유가 생겨서 매일 더 충실하게 목표를 향해 나아갈 수 있다.

하지 말아야 할 일을
정하면 우선순위가 보인다.

오직 '생각하는 것'에
집중하는 것이 필요하다

심사숙고하기 위한 시간을 만드는 것이 중요하다.

깊이 생각하고 싶지만, 틈틈이 생기는 시간으로는 좀처럼 차분히 생각할 수가 없다. 그래서 나는 적어도 일주일에 한 번은 반드시 3시간 정도 제대로 생각할 수 있는 시간을 만들려고 노력한다.

예를 들어 회사 경영에 대해 '장기적으로 무엇을 할 것인가' 처럼 고도의 집중력이 필요한 주제는 잠깐 짬을 내어 생각한다고 해서 즉시 결론을 낼 수 있는 것이 아니다. 어느 정도의 시간을 들이지 않으면 깊이 있는 사고에 도달하기 어렵다는 것을 몸소 경험했다. 더구나 원래 인간의 집중력은 그리 오래 가지 않기 때문에, 3시간이 있어도 그 시간동안 생각만 하지는 못한다. 게다가 아무리 깊이 생각하려고 해도 갑자기 되는 일도 아니다.

그러나 **3시간이면 그 시간 안에 깊은 사고에 들어가기 위한 '도움닫기 시간'과 '생각한 것을 정리하는 시간'도 확보할 수 있다.** 깊은 생각에 들어가기 전후로 충분히 시간을 사용할 수 있어 좋다.

차분히 생각하기 전에 5분, 10분이라도 정보 수집을 하고 필요한 정보를 입력하는 시간이 확보되면 결과물의 질이 크게 달라진다. 그리고 심사숙고한 후에는 가급적이면 결론을 정리하거나 후속 작업에 연결하기 위한 준비작업을 잘 짜놓으면 결과물의 질은 더 좋아진다. 예를 들어 프레젠테이션 자료를 만들거나 결론을 바탕으로 상대방과 어떤 커뮤니케이션을 할지 미리 구상하는 과정까지 생각하는 시간에 포함시키는 것이다.

시간이 충분하다면 이 정도로 생산성이 높은 결과물을 바랄 수 있다. 그래서 흔히 시간술을 주제로 한 책에서 언급하는 '긴급하고 중요한 일'에만 얽매이지 않고 '긴급하지는 않지만 중요한 일'도 효율적이고 확실하게 추진할 수 있다. 그러나 여기서 말하는 '3시간'이라는 것은 어디까지나 내 기준일 뿐, **중요한 것은 생각하기 위한 시간도 스케줄에 넣을 필요가 있다는 것이다.**

실제로 나는 주 초에 '생각할 시간'도 미리 일정에 넣는다. 그때 중요한 것은 같은 3시간이어도 30분씩 여섯 번으로 나누어 조금씩 확보하는 것이 아니라 가급적 충분한 시간 단위로 일정을 짜는 것이다.

일정이 잡혔으면, 그다음에는 일정대로 행동에 옮긴다. 그때 정해놓은 3시간은 어떤 주제를 생각하기 위해 할애한 시간이라고 확실히 인식하고 행동에 옮기는 것이 중요하다. 인식하는 것과 인식하지 않는 것 간에는 시간의 생산성이 크게 차이 나게 된다.

예를 들면 3시간 비어 있으니까 일단 생각해보자는 식으로 하면 대부분 전혀 관계가 없는 것을 생각하거나 웹 서핑을 하거나 기분 내키는 대로 다른 것에 손을 대는 일이 종종 발생한다. **의미 있는 3시간을 보내기 위해서는 먼저 스마트폰을 무음으로 해두거나 아예 꺼서 최대한 방해가 되지 않는 환경을 만들어야 한다.** 인터넷 대화방, 이메일, 전화, SNS로 인해 깊이 파고든 생각이 중단되면 모처럼 조정된 일정 관리도 엉망이 되어버린다.

나는 5년 후, 10년 후의 프리에 대한 모습을 그리기 위해 일주일 정도 일상에서 벗어나 생각하는 시간을 일 년에 한 번은 갖고 있다. 사업 전략을 짜기 위해 산속에 틀어박혀 생각을 정리하는 것이다. 물론 인터넷 대화방, 이메일 등의 연락은 일체 끊고 정보를 찾아보고 생각을 정리하는 데 초점을 맞춘다.

의식적으로 '생각하는 시간'이 있어야 하며, 거기에는 충분한 시간이 필요하다고 생각한다. **그렇지 않으면 눈앞의 일을 처리하는 데 급급해 즉시 하지 않아도 될 중요한 일은 늘 미뤄버리기 쉽다.**

정말 하고 싶은 일이 깊은 사고를 수반하는 것이나 새로운 무언가를 창조하는 것이라면 더욱 그렇다. 도전하고 싶은 주제와 돌파하고 싶은 과제가 있다면, 스케줄을 짤 때 우선적으로 '생각하는 시간'을 넣어두는 것이 좋다.

일주일에 한 번은 스마트폰을 끄고 생각하는 시간을 가져라

독서는
마음의 운동이다

내 감정에 충실해지는 시간을 소중히 한다.

이것은 내가 항상 염두에 두고 있는 것이다. 기뻐하기도 하고 감동하기도 하고 긴장을 풀기도 하고 화가 나기도 하고 눈물이 나기도 하는 시간, 즉 감정이 강하게 나 자신을 지배할 수 있는 시간을 의도적으로 만들고 있다.

다양한 감정을 체험하는 일은 여러 가지 입장에서 사물과 상황을 상상하는 일로 이어지기 마련이다. '감정이 움직인다'는 것은 마음이 뭔가에 자극을 받은 상태를 말한다. 감정을 자극하는 시간을 어느 정도 갖지 않으면 사람의 감정은 무뎌져버린다. 그렇게 되면 점차 자신이나 다른 사람의 기분을 어떻게 처리해야 할지 모를 수 있다. 비즈니스라면 고객의 마음이 보이지 않게 되는 것이다.

나는 **책을 읽거나 영화를 보는 것도 여러 가지 감정을 건드린**

다는 점에서 인간다운 감정을 느끼는 시간으로 받아들인다. 책이나 영화는 대부분 감동적인 내용이나 한 번쯤 생각해보게 하는 주제를 다루기 때문에 평소 생활 속에서 감정을 자극받을 수 있는 기회가 된다. 그러나 나는 창업한 뒤 처음 2년 정도는 사시사철 사업에만 열중했다. 주말에도 일을 생각했고, 책을 읽는다 해도 일에 관련된 것만 선택했다. 그런 라이프스타일에 어떤 의문도 갖고 있지 않았다.

그러던 어느 날, 인터넷 환경만 있으면 TV에서 다양한 콘텐츠를 즐길 수 있는 크롬 캐스트(스마트폰에서 보던 영상, 음악, 사진 등의 콘텐츠를 TV에서 손쉽게 볼 수 있도록 해주는 기기-옮긴이) 구입이 계기가 되어 오랜만에 영화를 보기로 했다. 그때 우연히 〈리멤버 타이탄Remember The Titans〉이라는 미국 영화를 봤다. 흑백 분리주의가 한창이던 1970년대 초, 고등학교의 미식축구 팀에서 벌어지는 이야기를 그린 영화다. 백인 고등학교와 흑인 고등학교가 통합되면서 백인과 흑인 혼합 팀이 된 미식축구 선수들이 피부색이 다르다는 이유만으로 갈등을 겪게 된다. 백인 선수와 흑인 선수 사이에 많은 충돌이 있었지만 스포츠를 통해 조금씩 갈등이 해결되어가는 이야기를 그렸다.

이 영화를 보면서 오랜만에 사업의 목표 달성과는 조금 다른 감정에 이끌리는 나를 느꼈다. '감정이란 이런 것이구나!'라는 발견과 함께 마음이 움직인다는 것을 잠시 잊고 지냈음을 깨달았다.

그 무렵 회사 구성원과 마음이 잘 맞지 않은 상황이어서 신경이 쓰이던 터였다. 그런데 영화를 보고 감정을 느끼는 시간을 가졌을 때 '하마터면 일이 더 커질 뻔했구나' 하고 깜짝 놀랐다. 되돌아보니 2년 동안 내 감정을 그다지 의식하지 않았고 소중히 생각하지도 않았다. 좀 더 인간을 이해하면서 일에 몰두했어야 했음을 깨닫고 반성했다.

감정이 무뎌진 상태라는 것을 깨닫지 못한 채 그대로 1년 정도 더 일을 계속했더라면 '철의 심장'을 지닌 초인적인 일 중심의 인간이 되었을지도 모른다. 그러나 그런 인간이 되고 싶지는 않았다. 무엇보다 내 주변에서 소중한 동료를 잃을 게 뻔하니까.

감정을 느끼는 시간의 필요성을 깨닫고 나서, **독서는 다양한 감정과 지식을 제대로 처리하기 위한 마음의 운동이라고 생각하게 되었다.** 사용하지 않는 근육은 성장하지 않으며 쇠약해져버리듯 마음에도 정기적으로 자극을 주는 것이 중요하다.

그런 의미에서 나는 일주일에 두 번은 독서 시간을 만들려고 노력한다. 독서 시간은 토요일 밤과 평일 밤 시간을 이용하는 데 각각 1시간 정도 확보하고 있다. 주말에만 읽게 되면 그 동안 공백이 생겨 독서의 흐름이 끊기고 독서의 효율도 떨어지기 때문이다.

주 2회 1시간씩 짬을 내서 책을 읽으면 그 뒤의 내용이 궁금해지고 '여기서부터 읽자'는 식으로 책의 내용에 대한 관심을 늘 유지할 수 있다. 게다가 이런 습관을 들이면 이동 시간이나 독서 시간 이외에 틈이 날 때마다 책을 펴서 읽어나갈 수 있다.

내 경우는 아이를 돌보는 시간도 인간다운 감정에 이끌리는 소중한 기회가 된다. 아이를 돌보는 일이 늘 즐겁기만 한 것은 아니다. 아이가 갑자기 울기 시작하거나 칭얼거리면 어떻게 해야 할지 난감하고 내 생각대로 되지 않는 경우도 많다. 그처럼 아이의 다양한 감정을 접하는 시간은 내 마음도 성장시켜준다.

앞으로도 감정에 이끌리는 시간만큼은 아끼지 않고 누릴 것이다.

주2회 1시간씩 독서를 통해 나 자신을 이해하는 시간을 가진다.

이동 시간을
적극적으로 활용해라

난 전철에서 흔들리는 대로 멍하게 있는 것을 싫어한다. 전철을 타면 아무것도 하지 않는 시간이 아까워서 어떻게든 이 시간을 효율적으로 활용할 수 없을까 고민한다. 그래서 혼자서 전철을 타고 갈 때는 대개 책을 읽는다. 읽을 것을 챙겨오지 않았을 때는 시간을 헛되이 보내지 않으려고 전철 안의 광고를 열심히 읽는다.

대학을 다닐 때, 나는 통학하는 데 전철로만 편도 90분, 왕복 3시간이나 걸렸다. 깨어 있는 시간이 16시간이라고 하면 5분의 1 정도를 이동하는 데 보낸 셈이다. 너무 긴 시간이라 뭔가 하지 않으면 정말 아깝다는 생각이 들었다. 그래서 당시에는 이동 중에 부기와 수학을 공부했다. 이것이 이동 시간에 공부한 첫 경험이다.

그런 경험 때문인지 **전철이든 비행기든 이동 시간에 무엇을**

할 것인가를 정해두고 일정에도 미리 넣어둔다. 이동 시간이 되면 아무런 망설임 없이 바로 실행에 들어가기 위해서다.

혼자서 이동할 때는 독서를 하는 경우가 많지만, 때로 생각을 정리하기 위한 시간으로 활용하기도 한다. 생각한 결과는 결과물으로 남아 있지 않으면 생각하지 않은 것과 마찬가지다. 그래서 생각한 결과는 반드시 기록해 남겨두려고 한다. 종이나 휴대폰, 메모 프로그램인 구글 킵Google Keep 등 특별히 툴을 정해두지는 않지만, 그때 가장 가까이에 있어 접근하기 쉬운 것에 남겨둔다.

종이에 메모해둘 때는 나중에 데이터로 쓸 수 있게 사진을 찍어 저장해둔다. 기본적으로 데이터에서 모두 찾을 수 있도록 해두지 않으면 나중에 잃어버리거나 찾는 데 시간이 걸려 제대로 활용할 수 없다.

누군가와 함께 이동할 때는 아무래도 혼자서 책을 읽거나 생각할 수는 없다. 그런 경우에는 다음에 있을 일을 '예습'하는 경우가 많다. 예를 들면 협상이나 협의 대상을 찾아가는 이동 시간에는 상대의 현황과 과제, 무엇을 말할 것인가, 협상이 잘 이뤄지지 않을 때는 어떻게 대처할 것인가 등 함께 이동하는 사람들과 이야기하면서 미팅을 준비한다. 돌아오는 길이라면 다음 단계는 어떻게 할지 향후의 진행 방식을 멤버와 함께 의논한다.

자주 접할 기회가 없는 직원과 함께 이동할 때는 그 사람을 통해 근황을 파악하기도 한다.

같은 사실도 사람에 따라 다른 견해를 보이는 경우가 많다. 그런 대화 시간을 통해 사건이나 사물을 나와 다르게 보았다거나 내 의견이 잘 전달됐다고 생각했는데 그렇지 않은 경우 등 미처 깨닫지 못한 일들을 알게 된다. 회사의 전략과 방침, 인사 제도, 회사 전체 차원에서 과제라고 생각되는 사안이 그 사람의 눈을 통해 어떤 식으로 보이는지 생각을 공유하기 위해서다.

출장처럼 비교적 긴 시간을 이동하는 경우, 원격지에 있는 멤버와 프로젝트에 대해 의논하는 일도 자주 있다. 그때는 클라우드 서비스인 구글 문서 앱을 사용한다.

이동 중에도 데이터에 접근해서 작업을 할 수 있어서 여러 팀 멤버가 참여해 채팅과 같은 형식으로 자료에 대해 댓글을 남길 수 있다. 장소와 관계없이 모두 어디서나 동시에 볼 수 있어, 질문에도 즉시 대답할 수 있다.

따라서 신칸센을 타고 가면서도 실시간으로 논의하며 프로젝트를 진행시킬 수 있다. 기술이 발전해 클라우드 서비스로 소통하기가 쉬워진 덕분에 이동 중에도 얼마든지 업무가 가능하다.

이동 시간에 아무것도 하지 않으면 경치와 함께 시간도 그냥 스쳐갈 뿐이다. 하지만 **무엇을 할 것인지 스스로 능동적으로 정하면 인풋이든 아웃풋이든 그 나름대로 의미 있는 시간을 보낼 수 있다.**

이동 시간에 생각을 정리하고 그 결과는 메모해둔다.

일정을 최대한
구체적으로 세운다

일정에는 행동 수준까지 반영해 넣는다.

이것은 데이비드 알렌의 책 제목인 'Getting Things Done'(한국어 번역본의 제목은 『끝도 없는 일 깔끔하게 해치우기』)에서 유래한 시간 관리 개념이다. 저자는 일을 추진할 때 자신에게 가장 구속력이 높은 것을 일정에 구체적으로 반영하여 자신이 하고자 하는 일을 깔끔하게 해결하는 방법을 제시했다.

"10월 중순까지 마치겠다"고 말하는 것과 "10월 15일 12시까지 마치겠다"고 말하는 것은 실현 가능성 면에서 전혀 다르다. 또한 '아침 양치질하기 전에' '점심 먹기 전에' 등과 같이 해야 할 타이밍이 명확한 것일수록 실현 가능성이 높다.

월별, 주별 또는 일별 계획을 세우면서 오늘까지 반드시 마쳐야 할 일을 구체적으로 상세하게 반영하지 않으면 좀처럼 행동에 옮기기 어렵다. 따라서 이것을 전부 캘린더에 표시해둘 필요가 있다.

내가 일정을 관리할 때 사용하는 '구글 캘린더'는 드래그 앤 드롭으로 일정을 자유자재로 다시 짤 수 있어서 사용하기 아주 편리하다.

그래서 필요한 문서나 읽어야 자료 등 중요한 것은 구글 캘린더 일정 속에 넣어둔다. 외출할 일정이 있을 때도 주소나 지도, 전철 시간 등 필요한 정보를 모두 넣어둔다. 프리 전 사원들도 다 이런 방식으로 일정을 관리하고 있다.

이렇게 해두면 그 자료가 어디에 있는지, 약속 장소가 어디인지, 미팅에서 무슨 말을 할 것인지 일일이 설명할 필요가 없다. 캘린더를 보면 모든 것이 집약되어 있기 때문에 쓸데없이 낭비하는 시간이 없다.

정해놓고도 하지 않거나, 어떻게 할까 망설이는 것은 가장 비효율적이라고 할 수 있다. 따라서 일정은 실행하기 쉽게 되어 있어야 한다. 어느 달 며칠간의 내 일정은 다음 그림과 같다.

일정에 대해 덧붙이자면 '유치원 등원'은 딸을 유치원에 데려다주는 시간이다. 이후 오전 9시에서 9시 30분은 특별한 외부 약속이 없으면 원칙적으로 비워둔다. 그 시간은 즉시 답변이 필요한 이메일이나 문자 확인, 일정 확인 등에 할애하고 있

캘린더 사용의 예

	월 2	화 3	수 4	목 5
GMT+09				
오전 8시	유치원 등원 오전 8:00~8:50	유치원 등원 오전 8:00~8:50	유치원 등원 오전 8:00~8:50	유치원 등원 오전 8:00~8:50
오전 9시		○○씨 매일 오전 9:00		프로덕트 보기 오전 9:30
오전 10시	Monthly Management Review 오전 9:30~오후4:30	[1 on 1]aqua/ds 오전 9:30 내사 : ○○씨 오전 10:00~11:00	[내방] ○○씨 오전 9:30~11:00	셀프 리뷰 오전 10 [5대]회계MTG 오전 10:00
오전 11시			[내사]취재 : ○○씨 오전 11:00 내사 : ○○씨 오전 11:30	취재 : ○○씨 오전 11:00~12:00
오후 0시		점심 회식: ○○씨 오후 12:00~1:30	사업계획설명회 오후 0:10~오후 1:00	취재 : ○○씨 오전 11:00~
오후 1시	Lunch 오후 1:00		Lunch 오후 1:00	[이동]신칸센 오후 12:20~오후
오후 2시	지난달 돌이켜보기 오후 1:00~2:50	[이동] 오후 1:35 [방문] ○○씨 오후 2:00~3:00	[1 on 1]Daisuke/Sumito Week 오후 1:30~2:30 [주]MSC MTG 오후 2:30	2:30 Lunch12:00
오후 3시		[이동] 오후 3:00	[월]Monthly PR MTG 오후 3:00~4:00	[방문] ○○씨 오후 2:30~3:00
오후 4시	경영회의 돌이켜보기 오후 4:30	인사제도 개혁안 검토회 오후 3:30 B1F 아나구마 [내방] ○○씨 오후 4:30~5:30	1 on 1]toshi/dai 오후 4:00 [내방] ○○씨 오후 4:30~5:30	[이동]신칸센 오후 3:30~ :30 ○○리포트 ○○플랜
오후 5시	임팩트 리뷰 생각하기 오후 5:00~6:50	Legal MTG Bi-wec 오후 5:30	면접: ○○씨 오후 5:30~6:15	○○사업정 etc. 오후 3:00
오후 6시		[주]Weekly-all hands 오후 6:15~7:00	[1 on 1]DS/Ykim 오후 6:30	[1 on 1]z aisuk W 오후 6:00~ 7:00
오후 7시	간담회 오후 7:00~10:0	[택시 이동] 오후 7:00	[1 on 1] ○○씨 오후 7:00~8:00	
오후 8시		[회식] ○○씨, ○○씨 오후 7:30~10:30	○○ 건 대응방침 생각하기 ○○사에 연락 오후 8:00~9:00	
오후 9시				MYM o er 오후 7 ~10:30
오후 10시	생각하는 시간을 일정에 넣는다			이동시간을 일정에 넣는다
오후 11시				

다. 하다 남은 일 등을 처리하는 시간으로 쓰기도 하지만 필요에 따라 해야 할 일도 넣는다.

매달 초 월요일에는 오전 9시 30분에서 오후 4시 반까지 장시간 미팅을 설정하고 있다. 원래 지난달을 스스로 돌아보는 시간을 발전시킨 것으로, 팀 단위로 되돌아보고 다음의 조치를 검토한다. 그 회의 후에 개인적으로도 지난달을 되돌아보는 시간을 설정한다. 화요일은 일이 밀려 있어 이상적이지 못한 일정이었다. 수요일도 화요일과 같은 느낌이었기 때문에 부득이 밤에 시간을 내서 해결했다. 목요일은 신칸센 안에서 여러 가지 사안을 생각하는 시간을 가졌다.

자신이 정한 일정을 어디까지 할 수 있었는지는 성과와 직결된다. 구체적인 행동을 스케줄에 반영해 실행해보고 되돌아본다. 이렇게 반복하면 되는 것이다.

일정 캘린더를 만들어
최대한 지키도록 한다.

최대한 효율을 이끌어내는
업무메모법

필요한 도구와 업무는 가급적 수를 줄인다.

스케줄을 관리하는 데 도움이 되는 도구는 수첩이나 노트, 스티커 같은 아날로그에서 응용 프로그램을 비롯한 디지털까지 여러 가지 유용한 도구가 있지만, 너무 많으면 오히려 번거롭다.

그래서 **나는 일정을 관리하는 '캘린더', 반드시 해야 할 다음 작업을 알려주는 '리마인더(알림 기능)', 긴급하지는 않지만 중장기적으로 해야 할 것을 적어두는 메모, 이 세 가지 도구를 사용하여 일정을 손쉽게 관리한다.** 도구를 세 가지로 줄이기까지는 여러 시행착오가 있었지만, 가급적 도구는 단순한 것이 좋다는 것이 나의 지론이다.

'구글 캘린더'를 사용한 일정 관리는 앞에 제시한 바와 같다. 리마인더는 내일 몇 시 몇 분에 이 일을 한다, 누구에게 이메일을 보낸다, 미팅 준비를 한다, 자료를 확인한다 등 '그날 반드시 해야 할 일, 또는 즉시 신속하게 대응할 일'로 범위를 좁혀서 사용하고 있다.

상당히 중요한 일만 추려놓았기 때문에 하루 평균 작업 수는 3개 정도다. 그 이상이 되면 제대로 해낼 수 없게 된다. 게다가 작업이 계속 쌓이면 일할 의욕이 떨어지면서 생산성도 떨어진다.

리마인더는 '구글 캘린더'에 딸려 있는 전용 기능을 사용하는데, 이것을 사용하면 작업이 끝날 때까지 해야 할 일이 계속 표시된다. 계속 표시되어 있으면 결국 그것에 주의를 기울이지 않게 되어버린다. 그러므로 중장기적인 일에는 리마인더가 적합하지 않다.

심사숙고가 필요한 사안은 한순간의 대응으로 마칠 수 없기 때문에 충분한 시간을 잡아 일정을 짜야 한다. 실행에 옮기기 전 예약된 일정이나 우선순위가 높지 않은 것, 그냥 놔둘 것은 모두 구글 킵이라는 메모 앱에 적어둔다. 이것은 스티커 같은 느낌으로 부담 없이 이용할 수 있다.

해야 할 일 리스트는 매일 쓰거나 지우거나 할 뿐이지만 이 **작업 메모에는 정말 하고 싶은 일은 계속 남게 되므로 급한 안건으로 분주할 때도 그 일은 항상 머릿속에 남아 있게 된다.**

업무 메모의 예

• 조직 전체의 활성화:
  과제가 뭐지?

• 경영팀이 팀으로서
  더욱 성공하려면?

• 진정한 가치에 이르기
  위한 KPI 설정 철저

맨 위에는 중요한 질문이나 주제를 써둔다.
짬이 날 때, 어떻게 진행할 것인지 생각한다.
그리고 이 시점에서는 행동에 반영하지는 않는다.

• ○○씨에게 연락

• □□씨에게 △△를
  보낸다.

• ××에 대해 알아본다.

즉시 행동에 옮겨야 할 것을 메모한다.
캘린더에 옮기든가 즉시 행동하고 지운다.

@wbu(미팅에 대한 메모)
○○에 대한 문제제기를
한다.

@pr(팀에 대한 메모)
□□의 건,
정말 대단하다.

@sato(개인에 대한 메모)
△△라는 기술에 왜
가능성이 있는지
알고 싶다.

미팅이나 일대일로 만났을 때 하고 싶은 말,
묻고 싶은 것을 메모해둔다.
미팅 때 메모를 훑어보고 말한다.

@suzuki(개인에 대한 메모)
××를 하는 것에 대해
어떻게 생각하는가?

사용하는 방법은 간단하다. 맨 위 상단 영역에 짬이 날때 생각해봐야 할 중요한 주제를 적어놓고 눈에 잘 띄게 만든다. 그 아래 영역에는 캘린더에 옮겨 행동하거나 즉시 조치하고 지울 것을 적어둔다. 그리고 그 아래에는 미팅이나 모임 등에서 특정 사람에게 하고 싶은 말이나 묻고 싶은 것을 메모한다.

그것을 대략 1개월분씩 돌아볼 타이밍을 정해 다시 상기할 수 있도록 한다. 그렇게 하면 필요와 상황에 따라 빠짐없이 캘린더에 넣어 관리할 수 있다.

이 세 가지 도구 덕분에 나는 중장기적인 계획을 높은 곳에서 조감하면서 지금 해야 할 일에 집중할 수 있는 구조를 만들 수 있었다.

일정 캘린더, 메모 다음 작업을 알려줄 리마인더, 세 가지면 충분하다.

예상치 못한 변수까지
감안하여 계획을 세워라

돌발 상황이니 어쩔 수 없다고 생각하지 않는다.

갑자기 돌발 상황이 일어나거나 일에 변수가 생기면 허둥지둥하며 서둘러 대응하기 쉽고, 모처럼 짠 일정이 바뀔 수도 있다.

그럴 때는 먼저 **정말 서둘러 해야 할 필요가 있는 일인지 냉정하게 생각해본다.** 지금 해결하지 않고 내일 해도 되는 일이 의외로 꽤 많다. 즉시 대응하지 않는다고 해서 물리적으로 고통스러울 것도 없고 큰일이 나는 상황도 아니라는 식으로 마음에 여유를 갖는 것도 중요하다.

돌발 상황이나 변수가 발생했을 때 가장 중요한 것은 허둥거리지 않고 마음의 평정을 찾는 것이다. 자기 페이스를 잃지 않고 마음의 평온을 유지하는 것이 성과에 큰 영향을 미치기 때문이다.

시간이 허락한다면 좀 미뤄두거나, 침착하게 다른 사람과 의논해보는 것도 좋다. 어쨌든 돌발 상황에 너무 휘둘리지 않도록 하는 것이 중요하다.

하지만 지금 즉시 대응하지 않으면 안 되는 안건은 어떻게 해야 할까? 그런 경우에는 '휴지통 시간'을 준비해서 대응하는 것도 방법이다. 나의 대외 스케줄은 대체로 아침 9시 반부터 잡혀 있다. 내가 출근하는 시간은 9시이므로 9시 30분까지 30분 동안은 어떤 일정도 잡지 않고 비워두고 있다. 이 30분간은 이메일 분류와 일정 등을 확인하는 시간으로 내 머릿속에는 '청소하는 시간'이라는 이미지가 있다. 그래서 '휴지통 시간'이라고 부른다.

한편, 그 시간은 오늘 일정을 차질 없이 잘해내야겠다고 다짐하는 시간이기도 하다.

내가 평소에 사용하는 구글 캘린더는 입력할 수 있는 최소 단위가 30분이라 이메일 한 통을 쓸 때도 30분 단위로 적어넣는다. 하지만 실제로 이메일 한 통 쓰는 데는 그리 많은 시간이 걸리지 않는다. 세세한 용건은 틈나는 시간에 대부분 끝낼 수 있다.

이렇게 하면 기본적으로 정해진 시간에 예정된 일정을 소화해낼 수 있으며, 갑자기 생긴 비정규적인 일도 대부분 그 시간에 해결할 수 있다.

도저히 피할 수 없는 돌발 상황이 생길 것 같은 느낌이 들면
미리 대응할 수 있는 시간을 확보하기도 한다.

내 경우에는 기본적으로 실현 불가능한 일정이 캘린더를 채
우는 일은 거의 없다. 내 캘린더를 보면 일정이 빈틈없이 빽빽
이 들어차 있는 것처럼 보일지도 모른다(159쪽 참조). 하지만
이것은 생각하는 시간과 잡무 시간까지 모두 일정으로 표시했
기 때문에 그렇게 보이는 것일 뿐, 의외로 시간에 쫓기는 느낌
은 없다(만일 시간에 쫓기는 상황이 되면 깊이 반성한다).

예를 들면 어떤 날은 하루의 절반 정도는 사내에서 업무를
처리하는 것으로 일정을 잡아두고, 만일의 경우 자유롭게 일정
을 조절하도록 하고 있다. 또한 본업에 영향을 미칠 만한 강연
요청이 들어올 경우, 다른 일정에 문제가 생길 위험이 높다고
생각되면 맡지 않는다.

**이런 식으로 어떤 돌발 상황이 발생해도 대응할 수 있는 일정
을 항상 염두에 두고 있다.** 피곤하면 마음에 여유가 없기 마련
이다. 그런 의미에서도 무리 없는 일정을 짜는 것은 기본이다.

그래도 시간이 부족한 경우는 가능하면 피하고 싶지만, 미리
확보해둔 '생각하는 시간'을 줄이기도 한다. 3시간 잡았던 일을

2시간으로 줄이고 갑자기 생긴 일에 1시간을 할애하는 식이다.

그러나 역시 **한번 정한 일정은 가능하면 바꾸지 않는 것이 기본이다. 돌발적인 일이 발생해도 큰 지장을 받지 않도록 일정을 짜고 그래도 어려울 때는 생각하기 위해 준비해놓은 시간을 어쩔 수 없이 사용한다.** 이 3단계 대응으로 가능한 한 창조적인 일에 투자하는 시간은 지킨다. 자신이 정말 하고 싶은 일을 하기 위해서도 그 자세를 항상 염두에 둔다.

> 애초에 돌발 상황을
> 만들지 않는다는
> 마음가짐이 중요하다.

정기적으로 일정을 검토하는 시간을 가진다

대체로 3개월에 한 번, 지금까지의 일정을 되돌아보고 점검하는 시간을 가질 필요가 있다.

시간을 잘 사용했는지 확인하다 보면 '왜 이런 일에 이렇게 많은 시간을 썼을까?' '이런 일에는 좀 더 시간을 들였으면 좋지 않았을까?' 하고 반성하는 부분이 분명 생긴다. 이렇게 지난 일정을 되돌아보는 일은 다음 스케줄을 잡는 데 참고가 된다.

계획한 일정이 순조롭게 예정대로 진행되었다고 해도 그냥 좋았다는 느낌으로 끝내서는 안 된다. 그 배경에는 잘된 이유가 있다. 그 이유를 되새겨보면 앞으로 어떻게 일을 진행해야 할지가 명확해진다.

3개월 동안 한 가지 일에 몰두할 때는 목표에 접근하거나 일을 마친 직후에 미리 되돌아보는 시간을 갖는다. 시기적으로는 3개월 중 나머지 1개월이 남았을 때라면 언제든지 괜찮다. 그러나 1개월이 남은 시점에서 뭔가 아니다 싶은 위기감이 느껴져도 기본적으로는 궤도 수정을 하지 않는다. 그 단계까지 왔다면 수정할 것이 아니라 3개월을 마저 채우는 것이 좋다.

중도에서 그만두면 어디가 어떻게 잘못되었는지는 검증 자료조차 남지 않기 때문이다. 만약 궤도 수정을 한다면 처음 한 달이 됐을 무렵이 적당하고 도중에 느낀 문제점은 메모해두었다가 다음 일정을 짤 때 반영한다.

나는 구글 캘린더를 이용해 지금까지의 일정을 정기적으로 되돌아보는 시간을 갖는다. 디지털 캘린더로 보면 3개월은 물론, 5년 전에 무엇을 했는지도 즉시 돌이켜볼 수 있다. 지금까지 자신이 걸어온 길을 한눈에 파악할 수 있는 것이다. 하루의 일정도 전체와 세부 사항을 모두 볼 수 있어, 무슨 일에 어떻게 시간을 사용했는지 금방 알 수 있다. 그래서 나는 일정 관리만큼은 디지털을 권장한다.

일단 계획한 일정은 반드시 해내겠다는 마음가짐으로 임하지만 상황에 따라 일정이 매일 조금씩 바뀌기도 한다. 되돌아보면 더 많은 시간을 들였어야 했는데 그렇게 못했거나 시간을 허비하지 않겠다고 결심하고도 꽤 많은 시간을 써버린 경우가 의외로 많다.

이때도 일이 순조롭게 진행되었을 때와 마찬가지로 **왜 이런 결과가 나왔는지 원인을 생각하는 것이 중요하다.** 잘못된 일을 통해 배운 것을 다음에 어떻게 활용하느냐에 따라 다음 3개월 간의 의미가 달라진다.

내 경우는 나도 모르는 사이에 미팅하는 횟수가 늘어나는 문제가 있어 3개월에 한 번 미팅하는 횟수를 되돌아본다. 캘린더를 점검했을 때 미팅이 많았다면 그 기간은 내가 시간을 잘못 사용한 3개월이 되는 것이다.

반대로 시간을 효율적으로 사용했다는 느낌이 드는 경우는 일정대로 움직였을 때다. 일정상으로는 그리 빡빡하지 않지만, 한가하게 느껴지지 않고 열심히 일한 느낌이 있다면, 계획을 잘 짠 덕분이라고 할 수 있다. 시간에 쫓기지도 않으면서 굉장히 능동적으로 여러 가지 일을 해낸 증거이다.

때로는 많은 계획을 세워놓고 하지 못한 일이 생길 수도 있다. 이 경우 시간을 잘못 사용하긴 했지만, 그렇다고 낙심할 필요는 없다.

캘린더를 다시 보고, 자신의 경향을 파악한 뒤 다음 계획을 세울 때 반영하면 된다. 이렇게 반복하다 보면, 점차 시간을 어림하는 데 능숙해지고, 이상적인 시간 사용법도 감각적으로 알게 된다.

　그렇게 되면 정말로 하고 싶은 일에 자신이 계획한 대로 시간을 사용할 수 있게 된다.

디지털 캘린더를 이용하면
과거 일정을 한눈에
확인할 수 있다.

제6장

성과

성공 혹은 다음을 위한
의미 있는 실패

3개월
사용법이
인생을 바꾼다

일단 시작해본다

성공은 일단 단기적인 결과물을 내놓지 않으면 이루어지지 않는다.

아무리 훌륭한 이상을 말한들, 아무리 좋은 아이디어와 스토리를 갖고 있다 한들, 결과적으로 시작하지 않으면 그림의 떡에 지나지 않는다. 일단 시작해서 빠른 시일 내에 뭔가를 내놓아야 가치가 창출되는 것이다. 실패하는 것보다 실패가 두려워 좀처럼 시작하지 못하는 것이 가장 생산성이 낮다.

그래서 프리에는 앞서 3장에서 말한 것처럼 '이상적인 사고'와 함께 '결과물을 내놓은 후 생각하기'라는 가치 기준이 있다. 즉, 이상을 토대로 한 아이디어와 스토리로 먼저 뭔가를 생산해보는 것이다. 그리고 그런 다음 좀 더 생각해보고 더 나은 방향으로 개선점을 찾아나간다. **완벽한 결과물인가 아닌가 여부보다 결과물에서 무엇을 배울지, 어떻게 다듬어갈 것인지에 더**

중점을 둔다.

나는 뭔가 결과물을 산출해내는 것의 중요성을 쓰라린 경험을 통해서 배웠다. 창업 직후에는 이미 마음에 그리고 있던 클라우드 회계 소프트웨어를 완성하는 일에만 집중하면 되는 시간이었다. 그러나 창업했다는 들뜬 마음이 있었던 데다 직장을 그만두자 시간도 많은 것처럼 느껴졌다. 그러다 보니 더 심사숙고하는 편이 좋지 않을까 하는 생각에 애당초 하고 싶었던 일이 이것이었는지 다시 원점으로 돌아가 많은 시간을 들여 논의했다.

그러는 바람에 첫 3개월간은 프로그램 개발에 진전이 없었다. 사실은 서비스 출시 시점을 확정 신고 기간에 맞추려고 했다. 고객에게 가장 중요한 시기이기 때문이다. 그런데 의도했던 계획을 실행에 옮기지 못했다.

이렇게 할까 저렇게 할까 고민하기보다는 먼저 소프트웨어를 완성시켰어야 했다. 확정 신고를 할 때 사용자가 먼저 써보도록 하는 과정을 밟았다면 절대적으로 가치도 더 높아지고 교훈도 더 많이 얻었을 것이다.

일단 시도하다 보면 처음에는 할 수 없으리라고 생각했던 상황이 바뀌는 경우도 종종 있다.

클라우드 회계 소프트웨어에 대한 핵심 아이디어는 은행이나 신용카드 명세서의 자동 회계 장부를 만드는 기능이었다. 그러나 기술적으로 상당히 힘들지도 모른다는 선입견이 있어 처음에는 손대기가 두려웠다. 최악의 경우 그 기술이 필요 없을지도 모른다고 생각했을 정도였다.

개발을 진행하면서도 정말 이대로 가도 될지 의문을 갖게 되었다. 어느 날 기술개발 총괄책임자CTO와 저녁을 먹으면서 이런 고민을 얘기하다, 저녁을 먹고 나서 아이디어를 실현할 수 있을지 우선 시도해보기로 했다. 먼저 은행의 명세 데이터를 끌어와서 자동으로 장부에 등록할 수 있는지 시험해보기로 한 것이다.

실제로 해보자 그는 3분 만에 시연을 완성해 보였다. 그 순간 머릿속으로 생각하는 것보다 실제로 해보면 일이 훨씬 쉬워진다는 사실을 깨달았다.

프리에서 현재 전개하고 있는 '회사 설립 프리'라는 서비스도 마찬가지다. 회사 설립을 지원하는 이 서비스를 이용하면 회사의 설립에 필요한 서류를 5분 만에 작성할 수 있다.

사실 이러한 서류를 준비하려면 이것저것 복잡한 과정이 많아 처음 사업을 시작하는 사람에게는 큰 부담으로 다가온다. 그런데 사원 한 사람이 "우리 회사에는 백오피스 업무를 효율적으로 할 수 있는 프리가 있으니 회사를 설립하는 일까지 지원하면 정말 의미 있을 것 같다"는 아이디어를 내놓았다. 나도 그 아이디어의 유용성에 전적으로 동의했다. 게다가 만들고 나면 보람도 있을 것으로 판단되어 일을 진척시켰다.

좀 더 생각해보면 그 아이디어는 모두 클라우드로 완결시키는 것이 이상적이었다. 그러나 서류 작성뿐만 아니라 등록 절차를 클라우드화하는 작업이 매우 복잡하다는 것을 알고 있었기 때문에, 개발 초기에는 완벽을 지향하는 것은 포기하기로 했다. 이상과 현실은 이처럼 다르다.

중요한 것은 실패나 변화를 두려워하지 않고 시작하는 것이다. 먼저 움직여서 하나의 결과물을 내면 그다음에 이어지는 결과도 달라진다.

가장 생산성이 낮은 것은 아예 시작하지 않는 것이다.

우선 처음부터 끝까지
한번 해본다

세부적인 부분에서 좌절할 필요가 없다.

이것저것 궁리해보는 것도 중요하지만, 3개월처럼 일정 기간에 성과를 내야 한다면, 너무 세부적으로 들어가지 않는 것도 중요하다.

세상에는 옛 사람들이 이미 증명해놓은 것들이 많다. 따라서 '왜 그럴까' 생각하는 데 시간을 쓰기보다 이미 알려진 정보를 충분히 활용하는 것도 방법이다. 그리고 뭔가 빨리 결과를 내놓고 싶다면 너무 세부적으로 들어가지 않는 것이 좋다.

예를 들면 수학도 '1이 무슨 의미일까? 원래 1이란 게 뭘까?' 라고 생각하기 시작하면 끝이 없다. 처음에는 '1+1=2'라는 것을 우선 받아들이고 배우는 것이 빠르다. 말하자면, 앞사람이 이뤄놓은 훌륭한 업적을 이용할 수 있는 데까지는 이용하는 것이다.

나는 세부적인 일에 크게 신경 쓰지 않는다. 실제로 작은 일에 연연하지 않고 일을 진행하자 일에 가속도가 붙어 3개월 단위로 성과를 냈다.

고등학교 때 처음으로 수학을 열심히 공부하기 시작했는데 그때도 기본적인 예제와 그 답을 100개 정도 통째로 암기했다. 그렇게 3개월 정도 하다 보니 문제 푸는 법이 서서히 보이기 시작했다. '이것과 이것을 조합하기만 하면 이 문제가 풀리는구나'라는 감이 온 것이다.

왜 그렇게 되는지 처음에는 잘 몰랐다. 그런데 우선 푸는 법을 외워 더 어려운 문제를 풀다보니 그 의문도 쉽게 풀렸다.

수학을 잘 못하는 사람에게 갑자기 피타고라스 정리를 증명하라고 하면 어려워하는 게 당연하다. 그 원리를 이해하지 못하기 때문이다. 따라서 '왜?'라고 생각해봐도 의미가 없다. 일단 외워버리는 것이 좋다. 궁금하다면 문제를 풀 수 있게 된 다음에 자세하게 알려고 하면 된다.

세부적인 일에 맞닥뜨려 넘어졌을 때 일어나지 못하는 경우가 의외로 적지 않다. 프로그래밍이나 데이터 과학 분야 역시 처음부터 하나하나 납득하고 진행하기는 힘들다. 나는 그런 경우에도 우선 통째로 암기하는 것이 좋다고 생각한다. 프로그래밍 책에는 개념이 많이 나와 있다. 그 당시에 자세히 알지 못한다 하더라도 우선 한번 훑어보고 다양한 예제를 일단 풀어본다. 그렇게 해서 프로그램을 빨리 한번 작동시켜보는 것이 중요하다.

실제로 프로그래밍을 할 때도 작동하지 않는다고 해서 그때마다 멈추면 안 된다. 작동하는 경우와 작동하지 않는 경우로 나누고 일단 이런저런 시도를 해본다. 단지 한 글자가 틀려 작동하지 않는 경우도 있다. 그런 작은 실수에서도 배우는 것이 있으니 일단 해보는 것이 중요하다.

그 작업에 익숙해지고 나면 '이 부분을 바꾸면 어떻게 될까?' '이 부분을 바꿔 이런 식으로 작동하게 하는 것이 더 좋겠다'라는 식으로 이리저리 궁리하는 여유가 생긴다. 그 단계가 되었을 때 '개념'으로 돌아오면 된다.

그런 방향으로 작업을 진행하는 것이 성장 속도가 빨라질 뿐만 아니라 폭도 넓어진다. 실제로 많은 사람들이 갑자기 어려운 개념을 이해하려고 하다 중간에 좌절하는 것이 아닐까 싶다.

소설을 읽거나 영화를 볼 때, 등장인물의 상관관계나 자세한 스토리를 모른다 하더라도 도중에 일일이 멈추지 않고 일단 끝까지 읽거나 보는 것과 같은 이치다.

그리고 또 한 가지 중요한 것이 있다. **몰두하는 일에 대해 가급적 빠른 단계에서 보상을 주는 것이다.** 특히 처음 도전할 경우에는 완벽하게 이해하지 못해도 일단 해보고 뭔가 감이 잡히면 성취감으로 기쁘기 마련이다.

많은 시간을 들여 아주 세세한 부분까지 공부했는데도 조금밖에 작동하지 않는 프로그램을 작성했다면 그것은 '보상'의 타이밍이 늦다고 할 수 있다. 이렇게 되면 동기부여가 낮아지기 때문에 마지막까지 즐겁게 작업하기 어렵다.

몰라도 좋으니 우선 한 사이클을 돌려본다. 이렇게 '모르는 것이 있긴 하지만 그런대로 만들 수 있을 것 같다!'거나 '대충은 알겠다!'라는 성취감과 만족감을 가급적 빠른 시일 내에 맛볼 수 있도록 한다. 이것이 동기부여를 높게 유지한 채 3개월을 달려가는 비결이다.

처음에는 작은 걸림돌은 무시하고 완성하는 것에 집중한다.

한 번의 성공이 주는 힘

아무도 이의를 제기하지 못할 만큼 두드러진 성과를 낸다.

특히 일이 순조롭게 진행되지 않아 매우 어려운 처지에 놓여 있다면 3개월 내내 이것을 의식하는 것이 좋다.

내가 구글에 입사한 2008년경만 해도 구글의 마케팅 부서는 아류에 지나지 않는 존재였다. 지금은 세계 최고 수준의 광고 선전비를 사용하는 팀이지만, 내가 들어갈 당시만 해도 T셔츠나 노벨티(광고 효과를 높이기 위해 고객에게 증정하는 물품. 열쇠고리나 캘린더, 수첩, 메모지 같은 실용 소품이 주로 이용된다.-옮긴이)가 필요하면 그것을 조달해주는 정도의 부서였다.

현재 구글의 최고 마케팅 책임자인 로레인 투힐도 더블린 사무실에 처음 마케터로 입사한 당시를 되돌아보며 이렇게 말했다. "나는 첫 해외 마케팅 책임자로 구글에 들어갔지만, 하는 일이라곤 T셔츠를 만드는 게 고작이었다. 하지만 이에 굴하지 않고 온 힘을 다해 노력했다.”

내가 구글의 마케팅 부서에서 일하던 당시, 첫 3개월간은 사실 거의 성과가 나오지 않았다.

구글의 마케팅 조직은 스틸 앤드 셰어 문화가 있다는 얘기는 앞에서도 했다. '다른 지역이나 나라에서 잘되고 있는 일은 일단 뭐든지 시도해보자. 다른 누구보다 빨리 해보자. 그리고 결과를 다 함께 공유하자'는 정신이다. 나도 처음 3개월 동안 좋다고 알려진 일은 다 해보았다. 그 결과 눈에 띄는 성과는 나타나지 않았지만, 어떤 사업이 잘되는지 혹은 어려운지 판단하는 감각을 훈련할 수는 있었다. 그 덕분에 다음 3개월간은 반응이 느껴지는 시책을 다듬는 데 전념할 수 있었다.

2008년 무렵만 해도 중소기업이 텔레비전 CM이나 신문, 잡지 등에 광고를 게재하려면 광고 대행사에 고액의 비용을 지불하고 맡기는 수밖에 없었다. 중소기업의 입장에서는 많은 예산과 인력을 쏟아야 가능한 일이고, 광고를 냈다고 해도 정말 효과가 있는지조차 알 수 없는 위험부담이 큰 영역이었다.

하지만 구글의 구조를 이용하면 누구나 약 1000원부터 시작하는 광고를 낼 수 있다. 더구나 그 성과를 숫자로 명확하게 측정할 수도 있다. 중소기업 경영자 입장에서 보면 획기적인 새로운 옵션이 하나 늘어난 것을 의미했지만, 그 사실을 아는 사람은 거의 없었다.

그런 상황을 감안해 나는 중소기업 경영자에게 새로운 대안
이 있다는 사실을 알리는 다이렉트 메일DM을 시도했다. 이것
도 다른 지역에서 성공하고 있는 시책의 하나였다. 시도해본
결과, 특별한 성과는 없었지만, 개선하면 발전 가능성이 매우
높은 영역이라는 점을 발견한 것은 큰 소득이었다.

사실, 각 수신자에 맞춰 알림 내용을 일부 변경할 수 있으면
가장 좋다. 그러나 발송하는 중소기업의 수가 방대하기 때문에
한 통씩 수신자에 맞춰 변경해 보낼 수가 없었다. 그래서 그때
까지 활용되지 않았던 빅데이터를 이용하여, 각 기업이 관심을
보일 때에 맞춰 메일을 보내도록 자동화하기로 했다.

그리고 그다음 3개월은 다이렉트 메일을 철저히 개별화해
나갔다. 지금은 빅데이터를 활용한 마케팅 자동화 시스템이 확
대되고 있지만 내가 취급했던 당시에는 그런 사례가 거의 없어
일일이 더듬어 찾아야 했다.

하지만 그 시책을 철저하게 파고든 것은 결국 잘한 일이었다.
'누구나 1000원으로 광고를 낼 수 있다'는 충격적인 사실을 세
상에 널리 알리자 드디어 두드러진 성과가 나타났다.

신규 광고주의 증가율과 매출이 급증해 연간 세 자릿수, 수
백 퍼센트가 증가하는 성장이 이어졌다. 아시아 지역 전체로

봐도 신규 광고주가 굉장한 기세로 증가했다. 마침내 그 시책은 성공 사례로 소개되어 전 세계의 구글 지사와 공유하게 되었다. 그리고 성과가 높이 평가되어, 우리 팀은 미국 본사에서 'OC Award'라는 경영회의상을 수상했다. 물론 사내에서 나의 신용도도 올라갔다. 그 덕분에 일하기가 훨씬 좋아져 더 큰 성과를 내기 쉬운 환경이 갖추어졌다.

물론 두드러진 성과를 빨리 낼 수 있다면 가장 좋지만 잘못될 때도 있다. 하지만 거기서 단념해서는 안 된다. 그것은 **다음 3개월에 탁월한 성과를 내기 위해 감각을 훈련한 것이기 때문이다.**

실패는 다음 성공을 위한 감각을 훈련하는 일이다.

깊게 파고들어갈 때
비로소 알게 되는 것들

무슨 일이든 중요하다고 생각한 것은 깊이 파고든다.

앞서 말한 것처럼 재빨리 결과물을 낸 뒤, 그 분야에서 두드러진 성과를 남기기 위해서는 현재 진행중인 작업이나 가지고 있는 자원에 대해 깊이 있게 이해해야 한다. **그것에 익숙해진 다음에 그 범위를 넘어서는 아이디어나 발상이 나온다.** 이를 프리에서는 '핵 에브리싱Hack Everything'이라고 부른다. 뛰어난 결과를 창출하기 위해 소중히 여기는 가치 기준 중 하나다.

일본 기업은 경영 효율화라는 명목으로 비교적 신속하게 여러 가지를 아웃소싱, 즉 외주화하는 경우가 많다. 한 사람 한 사람 고객의 요구에 맞춰 메시지를 효율적으로 전달하는 마케팅 오토메이션(마케팅 프로세스 중 일부분을 자동화하는 것) 기법이나 소셜 미디어 운영 등을 외부 업체에 맡기는 것이다. 반면, 자신만의 노하우를 만들고 자기 부담으로 운영하려는 사람들은 비교적 소수다.

그런데 외주를 맡기면 자신들의 노하우가 되지 않아 더 이상 발전하기 어렵다. 생산성을 높이거나 더 좋은 서비스를 제공하기 위해서라도 지금 있는 툴과 리소스를 깊이 이해하고 궁리할 필요가 있다. 엑셀 하나만 해도 그렇다. 무턱대고 사용하는 것이 아니라 2시간 열심히 공부하고 나서 사용해보면 그만큼 생산성이 오를 것이다.

새로운 서비스나 새로운 고객에게 접근하는 일도 지금 있는 툴과 리소스, 규칙 등을 숙지한 후 실행하면 최상의 결과물로 이어질 수 있다. 따라서 **자신이 지금 사용하고 있는 것과 제대로 깊이 마주하는 것이 중요하다.** 자신이 담당하고 있는 것과 자주 사용하는 툴에 대해 더 알아보거나 공부해서 숙지해두면 지금까지 깨닫지 못한 아이디어가 떠오르는 경우가 종종 있다. 더구나 그 서비스가 정말로 경쟁력을 낳는다고 생각한다면, 역시 직접 갈고 닦아 최고의 마니아가 되도록 해야 한다.

마케팅이든, CRM(Customer Relationship Management / 고객 관계 관리 : 고객 정보를 바탕으로 고객 욕구와 성향을 충족시켜 기업 목표를 달성하는 마케팅 기법-옮긴이)이든, 프리는 철저하게 툴이나 테크놀로지를 활용하는 회사로 알려져 있다.

또한 프리가 2014년부터 인터넷 대화방으로 고객지원 사업을 운영하는 것도 핵 에브리싱이 낳은 결과물 중 하나다. 고객 지원은 전화나 이메일이 주류를 이룬다. 이런 상황에서 프리는 인터넷 대화방 형태로 고객지원에 나선 것이다. 인터넷 대화방을 고객의 요청으로 시작한 것은 아니다. 인터넷 대화방이 전화나 이메일보다 오히려 고객의 대기 시간을 상당히 줄일 수 있다는 발상에서 시작한 것이었다. 실제로 회사 고객센터에 연락할 경우 인터넷이 훨씬 더 편리할 때가 아주 많다.

고객을 고려한다면 직접 방문하여 대응하는 것이 가장 좋다. 그러나 비용 등을 생각하면 현실적이지 못하다. 그러한 상황을 감안해 현실적인 대안을 전부 동원해보자는 쪽으로 의견을 모은 결과, 인터넷 대화방 지원이라는 형태에 이르렀다.

인터넷 대화방 지원을 도입한 초창기에는 고객의 기대에 부응하지 못한 면도 있었다. 그러나 멤버 한 사람 한 사람이 철저하게 인터넷 대화방에 대해 공부하면서 노하우를 쌓음으로써 원활한 서비스가 가능해졌다.

그 후 대단히 견고한 체제가 조금씩 갖추어져갔다. 그리고 이런 방식이 있다는 것을 고객에게도 전했다. 인터넷 대화방은 양방향으로 대화할 수 있을 뿐만 아니라 문자를 통해 질문을 하거나 확인할 수 있기 때문에 문제점을 파악하기도 쉽다고 평판이 났다. 실제로 전화로 설명하는 것보다 인터넷 대화방에서 해당 링크를 알려주며 관련 내용이 나와 있는 부분을 참조하라고 간단히 설명하는 것이 서로의 시간을 절약하는 데도 도움이 된다.

인터넷 대화방 운영에 정면으로 승부한 덕분에 지금은 인터넷 대화방에도 인공지능AI을 도입하게 되었고, 기초적인 문의에 대한 간단한 답변은 우선 인공지능이 대응하는 구조를 만들었다. 이렇게 함으로써 '신속하게 문제를 해결한다'는 가장 중요한 요구에 보다 효과적으로 대응할 수 있다.

새로운 가치를 창조하는 데 최고로 손꼽히는 스킬을 몸에 익힌다. 현재 수준보다 좀 더 높은 단계로 나아가는 열쇠는 의외로 자신의 발밑에 굴러다니는 경우가 많다. 그것을 깊이 연구하면 성과의 질도 달라진다.

다음 과정으로 넘어가려면
원래 하던 일부터
확실히 몸에 익힌다.

존중과 다양성의 힘

사무실은 좋아하는 일을 하는 장소다. 더 나아가 나를 포함해 모든 직원들이 목표로 하는 성과를 내기 위해 모이는 공간이다. 기본적으로 프리에서는 일을 할 때 누군가 시켜서 하는 것이 아니라 자신이 좋아서 한다는 마음으로 임한다.

사무실은 좋아하는 일을 하는 곳인 만큼 편안한 환경을 갖춰야 한다. **좋아서 스스로 하는 자주적인 분위기의 작업 환경은 단지 마음의 문제만이 아니라 생산성에도 크게 영향을 미치기 때문이다.**

이 생각은 내가 창업했을 당시의 작업 환경이 임대 아파트의 거실이었던 점에 기인하는지도 모른다. 그곳에 동료 3명이 모여 일했다. 그러니까 나에게 사무실은 리빙, 즉 생활의 연장이라는 느낌이 강하다.

회사가 성장하고 나서도 창업 당시처럼 부담없고 편안한 분위기의 사무실을 만들려고 노력한다. 예를 들면 현재의 사무실에는 신발을 벗고 다다미에 앉는 회의 공간이 있고, 마찬가지로 신발을 벗고 쿠션에 기대어 일할 수 있는 작업 공간이 있다.

그렇다고 사무실을 아늑한 공간으로 만들면 창의적인 아이디어가 금방 나올 거라고 단순하게 생각한 것은 아니다. 하지만 **편안한 스타일로 작업에 전념할 수 있는 공간에서는 동료와 활발한 커뮤니케이션이 더 잘 이루어지고 이로써 강한 신뢰 관계를 구축할 수 있다.** 이런 공간이 서로의 노력을 격려하며 작업에 주체적으로 참여할 수 있고 아이디어를 자유롭게 행동에 옮길 수 있는 분위기를 조성하는 데 한몫하는 것은 분명하다.

실제로 긍정적이고 능동적인 작업 분위기는 사내에 선순환을 만들어내고 있다. 그런 맥락에서 구성원 스스로 재미있는 기획을 발안하고 실행하는 것도 자연스럽게 이루어진다.

매주 열리는 전체 회의에서 회사에 두드러진 업적을 남긴 사람에게 '히어로 인터뷰'를 하는 것도 자유로운 업무 분위기의 사례 중 하나다. 그 분야에서 활약한 구성원의 인터뷰를 통해 '어떤 점이 문제였고 어떻게 해결했는지' '무엇이 힘들었으며 어떤 생가으로 임했는지' 등을 그 자리에 있는 전 직원과 공유한다. 이런 시간을 가지면 인터뷰 당사자에게 명예가 되는 것은 물론, 다른 사람도 자신이 도전하는 과제에 자극을 받을 수 있다.

이외에도 '거장巨匠 제도'라는 것이 있다. 한 달 동안 다른 일을 전혀 하지 않고, 자신이 실현하고 싶은 아이디어를 내면 그 의견들을 수집해 투표하는 기획이다. 직원들은 '어떤 사람이 제시한 어떤 아이디어'가 훌륭한 결과를 낼지를 중점적으로 검토해 투표에 참여한다. 거장에 발탁되려면 그런 기대에 부응할 만큼 '대단한 사람의 대단한 아이디어'여야 한다.

거장으로 선정된 사람은 실제로 자신의 아이디어를 실현해 나갈 뿐이지만, 그렇게 탄생한 기술로 모두의 생산성이 오르는 경우도 적지 않다. 게다가 거장으로 선정되는 것 자체가 어렵고 대단한 일이어서 다른 사람에게 자극이 되기도 한다.

또한 동료들과의 원활한 커뮤니케이션을 돕는 의미에서 일주일에 한 번 갖는 전체 회의 시간에 비디오 콘퍼런스를 도입해 회사의 과제나 문제의식을 공유하고 있다. 또 한 달에 한 번은 경영 과제에 대해 의견을 나누는 시간도 갖는다. 이것은 즉효성이 있는 것이 아니지만, 항상 소중한 시간으로 생각하고 그 준비에 공을 들인다. **모두가 동일한 문제의식을 갖는 것이 '좋아, 함께 노력해서 해결하자'는 동기부여의 가장 강력한 원천이 된다.**

프리 입사면접 때, 일과 개인생활의 구분이 없는 환경에서 취미생활처럼 일하는 분위기가 자신에게는 맞지 않는다며 입사를 거절한 사람이 있었다. 그 사람의 생각도 일리가 있다고 생각한다.

중요한 것은 어디까지나 자신들에게 일하기 좋은 환경, 노력할 수 있는 환경을 갖추는 것이다. 극단적으로 말하면, 맞지 않는 사람도 있어야 더 강한 문화가 된다. 일하는 방식과 사고방식에는 다양성이 있어야 하고 그래야 강한 조직이 탄생할 수 있다. 그러면서 어떤 부분에서는 공감하는 조직이야말로 정말 강한 조직이다.

나에게 가장 편안한 환경을 찾아 일터를 꾸며라.

의미 없는 실패를
저지르지 않기 위해

원인을 알 수 없는 실패에서는 배울 것이 없다.

방법이 잘못되었을까? 아이디어가 좋지 않았을까? 준비가 부족했을까? 제대로 시도하지 못했을까? 이 중에서 무엇 때문에 실패한 것일까? 이처럼 '원인을 알 수 없는 실패'가 더러 있다.

과학 실험에 비유하면, 아무 생각 없이 더러운 비커를 사용하는 바람에 결론을 도출할 수 없는 것처럼 아무런 도움도 되지 않는 실패다. 문제의 본질을 생각하고 진심으로 해결하려고 하지 않았을 때, 의외로 자신도 모르게 실수하는 경우가 많다. 당연히 그런 실수를 통해 배울 수 있는 것은 적을 수밖에 없다. 그런데도 사람들은 그런 의미 없는 실패를 저지르고 만다.

나에게도 쓰라린 경험이 있다. 창업 직후 사업을 함께하자고 동료를 초대할 때의 일이다. 그를 진심으로 설득했어야 했는데 그러지 못했다. 처음에는 나 자신도 그다지 자신감이 없었고,

멋쩍기도 해서 "만약 관심이 있으면……" 함께 일하자고 농담하듯 말했다.

아무런 실적도 후원자도 없는 스타트업 회사에 들어와달라는 부탁이니 상대 입장에서 보면 내 진의를 알기 어려웠을 것이다. 물론 상대도 농담으로 받아들이는 바람에 그 이야기는 흐지부지되고 말았다.

진심으로 대하지 않으니 상대가 진심으로 응해줄 리 없다는 것은 누가 생각해도 뻔한 것인데, 내가 마주해야 할 본질이 무엇인지 깨닫지 못했다. 왜 진심으로 이끌지 않았던 걸까. 지금 다시 생각해도 너무 안타깝다. 이것 역시 의미 없는 실패다.

일을 하면서 의미 없는 실패를 하기도 한다. 예를 들면, 영업 담당자가 새로운 서비스를 고객에게 알리지만, 계약으로 연결되지 않은 이유를 알지 못하는 경우가 있다.

이유는 문제의 본질이 무엇인지를 고객에게 제대로 알려주지 않았기 때문이라고 생각해볼 수 있다. '도저히 넘을 수 없는 벽은 무엇인가' '서비스로 해결할 수 없는 문제는 무엇인가' '결정하지 못한 이유는 무엇인가.' 거기까지 파고들어 진지하게 질문하지 않았을 가능성이 있다. 즉, 이것은 진지한 피드백을 들을 수 있는 신뢰 관계가 구축되어 있지 않은 것이다. 본질적인 문제를 파악하지 못하면 열심히 노력해도 의미가 없고 다시 실패할 가능성도 높아진다. 따라서 거기서 배울 수 있는 것은 많지 않다.

나는 스스로 저지르기 쉬운 실패의 경향을 파악하고 의미 없는 실패를 가급적 피하려고 노력한다. 예를 들면, 본질을 잘 알려고도 하지 않고 처음부터 가능성을 부정해버리는 경우를 들 수 있다. 게다가 그것이 성공했을 때, 나는 의미 없는 실패를 했을 때와 같은 느낌을 받는다.

한때 나는 모바일 앱이나 벨소리 등의 사업과 구글의 검색 엔진에 대해서도 '딱히 인간의 삶을 핵심 부분에서부터 바꾸는 것이 못 된다'라고 부정적인 입장을 취한 적이 있었다. 지금 돌이켜보면, 미래의 가능성에 눈을 돌리지도 않은 것은 나의 큰 실수였다. 시간이 걸릴지도 모르지만, 앞으로 어떤 변화가 일어날지도 모른다고 긍정적으로 생각해보는 자세가 부족했다고 반성하고 있다.

지금은 인공지능이 다양한 분야에서 각광받고 있다. 그러한 흐름에 대한 비판적인 의견은 어느 시대에나 많았지만, **부정적인 견해는 자신의 능력을 제한해버린다. 게다가 다양한 가능성의 싹을 잘라버린다는 의미에서도 절대적으로 손해다.**

'그것이 잘될 리가 없다'고 비판하기는 간단하다. 하지만 '잘
되었을 때 어떤 변화가 일어날 것인가'를 긍정적으로 생각해보
는 것은 훨씬 더 중요하다. 그 뒤로 나는 앞으로 주목받을 것 같
은 새로운 서비스나 아이디어에 대해 비판을 앞세우지 않는 태
도를 유지하려고 의식적으로 노력하고 있다.

　본질과 마주하는 것은 의미 없는 실패를 피하는 것과 같은
뜻이다. 그리고 가능성이 빛을 보게 하는 의미에서도 자신의
실패 경향을 파악해두는 것이 좋다.

문제의 본질과 마주할 때만
배울 수 있다.

실패를 통해
앞으로 나아가기

"창업할 때, 실패에 대한 두려움은 없었습니까?"

나는 종종 이런 질문을 받는다. 그런데 나는 전혀 두렵지 않았다. 왜 두렵지 않았을까?

그것은 '실패한다 해도 반드시 좋은 경험'이 될 것이라는 확신이 있었기 때문이다. 원인을 잘 모르는 의미 없는 실패에서 배울 수 있는 것은 거의 없다고 앞에서 언급했다. 반면, **진지하게 본질에 마주하며 몰두한 결과로서의 실패는 절대적으로 의미가 있다. 그것은 중요한 검증 자료가 된다.**

이런 생각은 구글에서 일하던 때의 영향이 기반이 되었는지도 모른다. 전 세계에서 모인 창업가 집단인 만큼 구글에는 잘나가는 사람도 많았다. 그중에는 창업했다가 실패한 경험을 갖고 구글에 입사한 사람도 있었다. 하지만 '비록 실패하더라도, 그것은 좋은 경험이 된다'는 것이 그들의 생각이어서 나도 그런 마인드에 적잖이 영향을 받았다.

구글을 그만두고 창업했을 때, 내가 앞으로 하려는 클라우드 회계 소프트웨어의 개발은 인생을 건 하나의 큰 검증 활동이라고 생각했다. 그런 의미에서 **비록 실패한다 해도 해볼 만한 의미가 있다**고 굳게 믿고 사업을 시작했다.

당시 일본에서는 클라우드 서비스를 거의 사용하지 않던 시기였다. 그래서 클라우드 서비스를 사용하지 않는 이유와 클라우드 서비스로 성공하지 못한 이유가 무엇인지 진지하게 생각하지 않는 상황이었다.

더구나 "회계 소프트웨어 업계는 30년간 변함이 없었으니 분명 앞으로도 변하지 않을 것이다. 그러니까 그만두는 편이 좋겠다"라는 말을 수없이 들었다. 앞에서도 언급했지만, 그것이 회계 업계의 상식이었는지도 모른다. 실제로 기존의 구조를 바꾸는 것은 상당히 어려운 일이다.

하지만 우리는 과거의 시스템을 고집하는 것은 바람직하지 않다고 판단했고, 우리의 가설로 시도했을 때 어쩌면 성공할지도 모른다고 생각했다. 게다가 무엇보다 나 자신이 진심으로 도전해보고 싶었던 분야였다.

우리가 중요하게 생각했던 것은 회계를 자동화할 수 있다는 점이다. 누구나 쉽게 자동으로 회계 처리를 할 수 있기 때문에, 지금까지 일하던 방식이 달라진다는 것이 우리가 몰두하는 주제의 본질이었다. 그것을 마주하다 실패했다면 의미가 있다고 생각했다. '지금까지 일본에서는 아무도 성공하지 못한 클라우드 서비스 회계 소프트웨어의 상식을 바꿀 수도 있다'라는 명제에 대한 대대적인 검증작업으로 프리를 시작했다고 할 수 있다.

만약 실패한다 해도 '이런 식으로 하면 잘되지 않는다'라는 귀중한 사례를 남길 수 있으므로 그 자체만으로도 의미가 있다고 생각했다. 클라우드 회계 소프트웨어를 제공하는 것에 대해 도전하는 사람이 매우 드문 환경이기에, 그 분야를 공략하기 위해서는 적어도 내가 실패했던 것과 같은 문제가 숨어 있다는 정보를 알려준다는 데 의미가 있다고 생각했다.

그런 생각으로 세상에 의미 있는 검증 활동을 하고 싶다는 것이 창업하는 데 큰 원동력이 되었다.

물론 실패하고 싶지는 않았다. 성공보다 더 좋은 건 없다. 그러나 실패가 두렵다기보다 실패는 결과물으로서의 의미가 더 크다고 받아들였다. 진지하게 본질에 마주한 결과로서의 실패라면, 그것은 절대적으로 큰 사건을 겪은 좋은 경험이라고 생각했다.

실패해도 좋으니 나의 도전이 세상에 영향을 미치는 한 단계

전진이기를 원했다. 그런 강한 의지가 있었기 때문에 실패에 대한 두려움이 없었던 것이다.

무언가에 도전할 때 크든 작든 불안은 따르기 마련이다. 하지만 그 순간 **도전하려고 결정했을 때의 가슴 설렜던 기억을 떠올려보기 바란다.** 진정 의미가 있다고 생각했으니 하고 싶은 마음이 생겼던 것이 아닌가.

의미를 발견할 수 있다면 실패도 성장의 밑거름이 된다.

에필로그

3개월의 노력으로 세상을 바꿀 수 있다

2017년 7월에 아카데미 힐즈에서 열린 행사에서 시간 사용법을 주제로 이야기할 기회가 있었다.

평소 중요하게 생각하는 몇 가지를 말하다 보니 '3개월'이라는 키워드가 등장했다. 그때 그 주제가 흥미롭다는 반응을 얻었는데, 그것이 계기가 되어 이 책을 쓰게 되었다.

시간을 사용하는 방법에 대해서는, 물론 지금도 시행착오를 거듭하고 있다. 일이 바뀌거나 사업 단계나 조직이 바뀌면 당연히 시간 사용법도 바뀌어야 한다. 그런 점에서 프리의 다른 구성원이나 다른 경영자의 시간 사용법도 참고하여 지금도 조금씩 개선해나가는 중이다.

3개월이라는 시간 단위로 작업의 기간을 나눠 전력을 다해 세상의 흐름을 바꾸고 전환기를 만든 경험은, 돌이켜보면 나의 인생 곳곳에 아로새겨져 있는 하나의 법칙 같은 것이었음을 이 책을 정리하면서 강하게 느꼈다.

학교나 회사나 혹은 여러 공동체에는 반드시 그 조직의 중심적 존재로서 눈에 확 띄는 사람이 있다. 이 책을 쓰는 시간동안 새삼스럽게 깨달은 것은 나는 절대 그런 유형이 아니라는 것이다. 오히려 반대로 다소 익숙해지거나 제대로 자신을 주장할 수 있게 되려면 3개월 정도 시간이 걸리는 타입이다.

내가 대학을 졸업하고 신입사원으로 회사에 들어갔을 때는 빨리 성과를 내고 싶은 마음에 조급하게 굴었다. 하지만 그 후로는 오히려 마음의 여유를 가졌다. 처음 3개월 정도는 그 공동체가 어떤 규칙으로 움직이고 무엇을 중요하게 생각하는지, 어떤 움직임으로 작용하는지 등을 일을 하면서 확실히 이해해나갔다. 그런 다음에 나 자신이 어떤 위치에서 기여할지 설정을 했다. 그 일에 첫 3개월을 사용한다는 생각을 거의 무의식적으로 했다.

즉, '관망'이라는 주제의 3개월을 설정한 셈이다. 철저하게 무언가에 집중하는 3개월이 있는가 하면 이렇게 관망하는 3개월도 있어야 한다.

이 책을 쓰면서 생각해보니 구글에 입사한 것은 내 인생에 큰 전환점이었다. 구글 문화 자체에서 받은 영향도 컸지만, 세계 최고의 엔지니어와 비즈니스 엘리트가 함께 일하는 회사 분위기에서 받은 영향도 만만치 않았다.

사실, 나는 구글에 입사하는 데 망설이기도 했다. 내가 구글에 입사했을 무렵에는 국산 검색 엔진이 강해져야 한다는 사회 분위기가 있어 내가 흑선(黑船, 에도시대 말기에 서양 배를 일컬은 이름-옮긴이)에 가담한 것 같은 죄책감을 느꼈다. 그때, 친구가 구글 같은 기업문화와 기술이 일본에 확산되지 않으면 그것이 오히려 더 위험하다고 말해주었다. 친구의 말이 그럴듯하다고 느낀 나는 비로소 구글에 들어가기로 결심했다.

결과적으로 구글의 일하는 방식이나 문화에 푹 빠진 것은 나에게 매우 큰 도움이 되었다. 내가 창업을 할 때도 구글 같은 좋은 문화를 가진 회사가 일본에도 많이 생기기를 바라는 심정이었다. 그것이 창업에 큰 원동력이 되기도 했다.

그런 의미에서 이 책에는 구글에서 배우고 느낀 것도 많이 포함시켰다. 내가 한때 구글에 푹 빠져 배웠던 것도 여러분에게 참고가 되었으면 좋겠다.

구글 같은 문화를 가진 회사가 일본에도 많이 생기기를 바라는 마음은 내가 설립한 회사 프리의 문화가 구글을 넘어서는 것이어야 한다는 강한 의무감으로 발전했다. 좋은 것은 적극적으로 받아들이고, 발전시켜야 하는 부분은 심혈을 기울여 그것에 매진하고 있다.

나의 시간 사용법 역시 구글의 영향을 강하게 받았지만 그것에서 더 나아가 점점 진화하고 있다. 이 책에는 그런 내용도 포함되어 있다.

단지 3개월의 노력으로 큰 영향력을 미칠 수 있는 일은 세상에 적지 않다. 그만큼 세상에는 아무도 손대지 않은 과제가 많다고 할 수 있다.

그렇게 볼 때 몰두할 주제를 설정하는 일이 매우 중요하다. 나는 남이 관심을 갖지 않지만, 자신이 기여할 수 있는 주제를 선택해야 한다고 생각하고, 나 역시 그렇게 해왔다.

그런 생각은 세상에도 좋은 일이고, 자신의 커리어에도 도움이 되는 사고방식이다. 나아가 이를 통해 창업이라는 선택지도 어렵지 않게 고려해볼 수 있을 뿐만 아니라 리스크를 제거하기도 쉬워진다. 그렇게 해서 '3개월' 동안 착실히 그 주제에 몰두해 큰 성과를 남기면 인생의 터닝 포인트를 맞이하는 기회가 되기도 한다.

매일 줄기차게 달리는 분들이 발걸음을 멈추고 자신의 3개월 주제를 설정하는 데 이 책이 계기가 되고 도움이 된다면 더없이 기쁠 것이다.

마지막으로, 나의 일하는 방식을 진화시키는 데 자극제가 되고 있는 프리의 전 직원에게, 그리고 이 책을 집필하는 모든 과정에서 도움을 준 프리의 죠덴 아츠시에게 감사의 마음을 전하고 싶다.

3개월 사용법이
인생을 바꾼다

초판 1쇄 인쇄 2019년 1월 2일
초판 1쇄 발행 2019년 1월 7일

지은이 사사키 다이스케
옮긴이 김선숙

발행인 김기중
주간 신선영
편집 박이랑, 양희우, 고은희, 정진숙
마케팅 이민영
경영지원 홍운선

펴낸곳 도서출판 에밀
주소 서울시 마포구 동교로 150, 7층 (04030)
전화 02-3141-8301~2
팩스 02-3141-8303
이메일 info@theforestbook.co.kr
페이스북 · 인스타그램 @theforestbook
출판신고 2012년 10월 10일 제2012-000321호

ISBN 979-11-86706-09-1 03320

에밀E-MEAL은 도서출판 더숲의 실용 · 자기계발 브랜드입니다.
새로운 시대에 독자들에게 필요한 지식과 정보를 지향합니다.

이 도서의 국립중앙도서관 출판예정도서목록(CIP)은 서지정보유통지원시스템 홈페이지(http://
seoji.nl.go.kr)와 국가자료공동목록시스템(http://www.nl.go.kr/kolisnet)에서 이용하실 수 있습니다.
(CIP제어번호: CIP2018039677)